Kumral & Esmer

Esmer

(Roman)

Özge Avcu

Ağustos, 2024

Kumral & Esmer

Kitap adı: KUMRAL & ESMER
Yazar adı: Özge Avcu
Editorial & Kapak Tasarım: © E-Kitap Projesi
Yayıncı (Publisher): E-Kitap Projesi

www.ekitaprojesi.com
www.cheapestboooks.com
Yayıncı Sertifika No: 45502
İstanbul, Ağustos / 2024
ISBN: 978-625-6235-16-8
eISBN: 978-625-6235-15-1

İLETİŞİM
E-posta:
avcuoz@gmail.com
WWW.İNSTAGRAM.COM/OZGAVCU/
YOUTUBE

Cevap ve yorumlarınız için:
{For reply and your comments}
https://www.ekitaprojesi.com/books/kumral-ve-esmer
www.facebook.com/EKitapProjesi

© Bu kitabın basım ve yayın hakları yazarın kendisine aittir. Fikir ve Sanat Eserleri Yasası gereğince, izinsiz kısmen ya da tamamen çoğaltılıp yayınlanamaz. Kaynak gösterilerek kısa alıntı yapılabilir..

"Olmak ya da olmamak, işte bütün mesele bu!
Düşüncemizin katlanması mı güzel
Zalim kaderin yumruklarına, oklarına
Yoksa diretip bela denizlerine karşı
Dur, yeter demesi mi?"
Ölmek, uyumak sadece!
Düşünün ki uyumakla yalnız
Bitebilir bütün acıları yüreğin,
Çektiği bütün kahırlar insanoğlunun.
Uyumak, ama düş görebilirsin uykuda, o kötü.
Çünkü, o ölüm uykularında
Sıyrıldığımız zaman yaşamak kaygısından
Ne düşler görebilir insan, düşünmeli bunu.
Bu düşüncedir felaketleri yaşanır yapan.
Yoksa kim dayanabilir zamanın kırbacına?
Zorbanın kahrına, gururunun çiğnenmesine
Sevgisinin kepaze edilmesine
Kanunların bu kadar yavaş
Yüzsüzlüğün bu kadar çabuk yürümesine

Kumral & Esmer

Kötülere kul olmasına iyi insanın

Bir bıçak saplayıp göğsüne kurtulmak varken?

Kim ister bütün bunlara katlanmak
Ağır bir hayatın altında inleyip terlemek
Ölümden sonraki bir şeyden korkmasa
O kimsenin gidip de dönmediği bilinmez dünya

Ürkütmese yüreğini?

Bilmediğimiz belalara atılmaktansa
Çektiklerine razı etmese insanları?
Bilinç böyle korkak ediyor hepimizi:
Düşüncenin soluk ışığı bulandırıyor
Yürekten gelenin doğal rengini.
Ve nice büyük, yiğitçe atılışlar
Yollarını değiştirip bu yüzden
Bir iş, bir eylem olma gücünü yitiriyorlar.

"*W. Shakespeare / Hamlet*"

ÖZGE AVCU

1. BÖLÜM
SOKAK ARASI...

Bahar mevsimine hazırlanıyordu, dünya... Çiçekler yeniden filizleniyor, güneş sıcaklığı içimizi ısıtıyor, havada polenler uçuyordu. Ve ben polenlere değmemek için hep onlardan kaçıyordum. Pırıltılı bir Cumartesi günüydü. Ortak alanda sigaramı ve kahvemi içip, yüzümü güneşe dönerek ve etraftaki yeşillikleri izlerken çoktan ruhum uçup gitmişti, başka diyarlara... Bu bana sıklıkla olurdu. Günlük hayat telaşlarında yirmi saniyede olsa aklım, zihnim ve kalbim uçup giderdi, kendi diyarına... Oradan geri döndüğünde ne dert kalır ne sinir ne de tasa... Bu benim kendime yaptığım en büyük tedavi yöntemimdi. Ruhumu ve düşüncelerimi dinlendirmekti... Başka türlü huzur bulunmuyor hayatta... Başa çıkılmıyor yaşanan acıların derin hissiyatıyla!

Otobüs durağına hiç yürümek istemiyordum. Minibüse binmiştim. İnsanları gözlemledim. Bir kadın telefonda tartışıyor, bir adam yanındaki kişiye hiç susmadan ve nefes almadan bir şeyler anlatıyordu. Minibüs şoförü trafikte "üflüyor" yan koltuğunda oturan yolcu İstanbul'un trafiğinden şikâyet ediyordu. Yol kenarında bir çocuk elindeki mendilleri satmaya çalışıyordu. Yaşlı bir kadın pazar arabasıyla karşıdan karşıya geçmeye çalışıyor. Köşe başında beş genç hararetli konuşarak bir yerleri gösteriyordu.

Özge Avcu

Minibüsün cam kenarında annesiyle oturan tahmini bir yaşındaki küçük kız, cama ellerini vurarak kahkahalar atıyordu. Küçük kıza bakarak ve gülümsüyordum. Müzik dinliyordum. Evime doğru giderken dinlediğim müziğe kendimi çoktan bırakmıştım. Ve yine dünyadan uzaklaşmıştım. Mahalleye geldiğimde sokağın başındayken birden kalbime bir şey saplanmıştı. Öyle bir ağrı girdi ki, sonsuza kadar sürecek ve hiç geçmeyecekmiş gibi...

Nefesim hızlanmaya başlamıştı ve göğsümdeki hırıltı sesini duyabiliyordum. İçimden sakinleşmem gerektiğini, bir sorun olmadığını, kendi semtimde güvende olduğumu ve evime çok az kaldığını, telkin etmeye başlamıştım. Yürüyüşümü yavaşlattım. Gökyüzüne bakarak derin bir nefes alıp veriyordum. Arabayı net bir şekilde göremesem de kalp ritimlerim daha hızlı atmaya başladı. Nabzım adeta ince bileklerimden fırlayacak gibiydi. Görüş alanım netleşmeye başladı, araba yaklaştıkça endişem artıyordu. Bu oydu. Yavaş yavaş bana yaklaşıyordu. Yanımda durup selam vereceğini düşünmüyordum. Yapmayacağını, yaşadığıma nasıl eminsem aynı eminlikle biliyordum. İyice yaklaşmaya başlamıştı. O yaklaştıkça kendimi sıkıyordum. Damarlarımdan kan çekiliyordu, buz kesmiş tenimle yürüyen cesetten farkım yoktu. Gözlerimin ıslanması yaşadığımı, ölmediğimi bana hatırlatıyordu. Akmamaları için gözyaşlarımla savaşıyordum. İçimden söylediğim tek şey; **"Karşıya bak! Ona bakma! Artık geçti. Sen çok güçlüsün. Dik dur! Görmezden gel."** Onu hiç görmemiş gibi karşıya bakarak yürümeye devam ediyordum. Öylece geçip gitmişti, yanımdan. Aksi olsa yine ona yenilirdim. Binanın kapısına nasıl geldiğimi hatırlamıyordum. Elimi kapıya koydum ve kalbime tuttum. Onu görmeden hissettiğim duyguyu hatırladım.

Sebebi buymuş. Evin kapısını açtım ve içeri girdim. Neyse ki, evde kimse yoktu. En savunmasız ve en güçsüz halimi kimseye göstermezdim. Hayat ve yaşadıklarım beni buna mecbur bırakmıştı. Seçme şansı sunmadı. Doğuştan gelen şanslar benim hayatımda hiçbir zaman olmamıştı. Ben her zaman ve her şeye savaşarak sahip oluyordum. Altın tepsiyle önüme güzellikler sunulmadı. İstiyorsan eğer kendin alacaksın. Hayat bana, **"Güçlü olacaksın! Pes etmeyeceksin!"** dedi ve bende öyle olmuştum. Her zaman savaşçıydım. Yoruldum demek, yoktu. Vazgeçtim yâda pes ettim demek, bir seçenek değildi. Bundandır ki, tonlarca acıyı yüreğimde halen taşıyordum. Dünyanın yükü omuzlarıma bindiği anlarda, zihnimin karanlık sularına çekiliyordum. Kimseden yardım istemeden her zorluğu kendi başıma atlatıyordum. Ne bir gören oluyor verdiğim savaşları ne de yüzümden anlaşılıyordu. Kendi başıma her şeyi sessiz sedasız bitiriyor ve içimde öldürüyordum. Kendimi kendime rağmen defalarca yeniyordum. Gönlümde birçok kişinin sela'sı evvelden okunmuştu. Yas zamanı çoktan bitmişti. Bazı anlar hassaslaşıyordum. Savunmasız anlarım ortaya çıkıyordu. Hatırlıyorum. Gözlerim uzaklara dalıyor ve çokça sessizleşiyordum. Anlatmakta güçsüzleşiyordum. Unutamadığım tarihler vardı. Kim bilir kaç kişi, kimleri öldürüyor gönlünde... Kimleri yaşatıyor kalbinde... Bilinmese de...

Kapı eşiğinde, duygularım ekmek parçaları gibi dilimlenip etrafa taşıyordu. Gözyaşlarım adeta benimle konuşuyordu. Evde kimsenin olmamasına sevinmiştim. Vücudumda hissettiğim keskin acı anında kendini hatırlattı. Banyoya gitmeye çalışırken, ilacımın nerde olduğunu anımsamaya çalışıyordum. Çantamdaydı, hızlıca çıkardım ve yakınımda bulundurdum. Olabileceklerden endişe ediyordum. Ve bir kez daha, ona yenilmiştim. Bana bu denli bana etki etmesi, bir yandan kendime kızmama neden oluyordu. Seviyordum. Halen çok seviyordum. Aynada yüzüme bakmak istemiyordum. Bakamadım. Bugün ilk defa yüzüme ve aynaya küsmüştüm. Lavobayı tutmamla, gözyaşlarımın gözlerimle anlaşması sona erdi. Beni dinlemeden akmaya çoktan başlamışlardı. Bu ağlayışı, hayatımın hiçbir döneminde yaşamamıştım. Uzuvlarım, komut almayı bırakınca, dizlerim üstüne çöküşüm bir olmuştu. Aşkımın dönüştüğü sancılı sevginin önünde acıyla diz çöküyordum. Sancıdan başka bir şey hissetmiyordum. Kalbim çok acıyordu. Ve ben bağıra çağıra istemsiz ağlama krizi içinde, her şeyi yeniden ve yeniden hatırlıyordum. En güzel anlarla, en zor anlar birbirine karışıyordu. Bu duyguyu tanımlayamıyordum. Yaşıyor muyum? Yoksa çoktan ölmüş müydüm? Her şeyim çoktan alınmıştı, ölsem ne olacaktı? Karanlık gecelerime bir günü daha eklemiştim. Saat geçmek bilmiyor, uyku tutmuyor, loş odam sigara dumanında sisli bir havaya dönüyordu. Siyah kadehimin içinde taşacak kadar kırmızı şarap... Müzik sesi geliyor kenardan... Mazlum Çimen'den Feryad-ı İsyanım... Ne güzelde söylemiş; Gözlerinin dokunduğu her mekân, memleketim. Ruhuma nakşeden ritminde, dünyaya sığmayan bir ben... Yine kendiyle kalan... Hiçbir yere sığamayan duyguları, durmaya yüz tutmuş kalbime batıyordu.

2. BÖLÜM
KARŞILAŞMA...

Yaz'ı müjdeleyen baharla Ada kendini hazırlar, yaz mevsimine... Limanda bağlı tekneler ve sandalların bakımları ve temizliği yapılır. Bahçesinde mevsimlik meyve sebze yetiştirenler, mevsimlik meyvelere geçer. Bisikletler, elektrikli araçlar depodan çıkarılır. Esnaflar dükkânına yeni sezon ürünleri yerleştirir. Otel ve pansiyonlar yaz kampanyalarına çoktan başlamıştır. Villa ve konağı olanlarda hummalı çalışma vardır. Bunlardan bazıları yaz kış oturur. Bazıları yurtdışındadır, yazın gelir. Haliyle işleri çoktur. Neyse ki, yıllardır hizmet eden yardımcıları vardır. Kiralık evler, satılık yerler, apart oteller ilanları hazır ve yayındadır. Evinin eksiklerini almak için vapurla Kadıköy – Üsküdar – Beşiktaş'a giderler. Yazın gelişiyle vapur sefer saatleri değişir. Yeni mobilyalar, Büyükada'da olmayan şeylere denizleri aşarak ulaşırlar. Adaların hepsi başka güzeldir. Doğup büyüdüğüm Büyük Ada'ya adeta bağlıyım. Nostaljik havası, deniz kokusu, güne martı sesleriyle uyanmak, yazın cıvıl cıvıl ve kalabalıkken kışın el ayak çekilir. Tatilciler gider, İstanbul'da yaşayanlar şehirlerine döner, sezonluk gelenler gitmeye hazırlanır. Hava kapanır. Geceler uzar. Kış mevsiminde ada ıssız bir limandır.

Limandan gelen vapur seslerinin saat aralığı azalmıştır. Limana koşan yerli ve dışarıdan gelen insanların vapura yetişme anlarını her mevsim görebilirsiniz. Yerliler vapur saatlerini ezbere bilir. Vapur adalılar için her şeydir. Bir de kış masalı geldiğinde yeni güne sisli bir havayla uyandıysanız, yandığınızın kanıtıdır. Lodoslu ve fırtınalı günlerde vapur seferleri iptal edilir. Sürekli İstanbul'a gidip gelenler sevgilisini bekletir, hastasının yanına geç gider, bazıları otobüslerini ve uçaklarını kaçırır. Kış geldiği zaman adaya, yerliler vapur saatlerine göre ve olumsuz hava şartlarını düşünerek hareket ederler. Akşam olduğunda hareketli sokaklar yerine nostalji havasına bürünür. Etraf sessizleşir. Her yolu meydana çıkan sokak araları günün yorgunluğunu atarak tenhalaşır. Vapurların düdük sesleri tüm adada yankılanır. Martılar yuvalarına çekilir. Bazı dükkânlar çoktan kapanmıştır. Geceye hazırlık bitmiştir. Herkes sessizleşir. Bahçesinde mangal yapanlar, rakı sofrasında sevdikleriyle bir araya gelenlerin gülme sesleri, sokaktan geçenlere huzuru gösterir. İçi dolu köşklerin perdeleri açıktır. Akşam yemeği yenilirken bir yandan denizin tuzlu kokusu bütün köşkü sarar. Bazı köşkler tamamen boştur. Loş sokaklarda terk edilmiş görünerek küçük çocukları ürkütür. Çocuklar hayalet hikâyelerine bayılır. Hem severler hem korkarlar. Sokak aralarında çocuklar eskiden kalma oyunları oynar. Kalabalık köşeye çekildiğinde yürümeyi, deniz kenarında oturmayı hiçbir şeye değişmezdim.

Sıradan bir akşamdı. Müzik dinleyerek sevdiğim sokakları dolaşıyordum.

- Melih! Melih! İsmail abinin bahçesindeyiz.

Seslerini bir inceltip, bir kalınlaştırıp bana seslenmeye devam ediyorlardı. Yanına yürüyordum.

- Ah Mehmet ah! Yine sarhoş musun? Seni ne zaman uyanık göreceğiz?

Mehmet, salıncaklı sandalyesinde sallanırken, elinde tuttuğu hoparlörün sesini kısarak...

- Sevmeye değer o kişi karşıma çıktığında...

Dedi. İçini çekti. Bir an sessizleşti. Hadi ama! Eğlenmeye devam et. İsmail abi, Mehmet'in bu hali ne olacak dersin?

- Her şey olacağına varır, Melih'im... Er yâda geç beklediği kişi çıkacak karşısına... Kimileri erken olgunlaşır. Kimileri geç olgunlaşır. Bu yaşlarınızın kıymetini bilin. Dik duruşunuzdan, efendiliğinizden ve dürüstlüğünüzden vazgeçmeyin. Geri kalan her şey zamanla... Bu çağ, başka bir çağ olmuş.

İsmail abinin bilgece sözlerini her duyduğumda, gözlerim uzaklara dalardı. Derdim tasam olmasa bile öyle güzel konuşur ki, insanı düşünmeye zorlardı. Aklından neler geçtiğini bir bakışta anlardı. Sen söylemeden o bilirdi. Doğma büyüme adalıdır ama belli kişilere evine ve içini açardı. Beni ve arkadaşlarımı seviyordu. **" Bu zamanın, ender delikanlılarısınız"** derdi... İsmail abinin kıymetli sözlerini, Mehmet duymamıştı. Bir ara uyudu daha doğrusu sızdı ve tekrar uyandı. Bana doğru bakarak;

- Safiye teyze, bana çok içtin be oğlum! Demeden gidelim.

Safiye teyzenin abisi alkollüyken araba kazası geçirmiş ve uzun bir süre yoğun bakımda kalmış. Safiye teyze bu yüzden alkolü sevmezdi. Gençlerin alkolü fazla kaçırmasına hiç anlam veremezdi. Oturduğumuz masayı topladık. Tabakları, bardakları mutfağa bıraktık. Safiye teyze her zamanki gibi poğaça yanaklarıyla **" Çocuklar siz bırakın, ben yaparım "** dese de yardım etmeyi bırakmazdık. Bahçe kapısına kadar, İsmail abi ve Safiye teyze geçirirdi, bizi... Mehmet, koluma girdi. Çaktırmamaya çalışsa da hafiften sallanarak yürüyordu. Hınzır bakışını atıyor ve kayan gözleriyle bana bakmaya çalışıyordu.

Özge Avcu

- Melih lan! İyi ki varsın kardeşim.

Derken, gözleri kısılıyordu. Sende dercesine, ensesini kavrayıp gülümsüyordum. Etrafı rahatsız etmeden şarkı mırıldanarak, birlikte sallanarak yürüyorduk. Mehmet'i evine bıraktık. Annesi bu duruma alışmıştı. Kapıyı her açtığında, mırıldanırdı. Alışmıştı ve bu zamana kadar Mehmet için çok çabalamıştı. Bir değişiklik olmadığını görünce, kabullenmişti. Belki de hala değişsin istiyordu, sadece dışarı karşı göstermiyordu. Evime doğru yürüyordum. Mehmet'le konuşmam gerekenler vardı ama onun gecesinden fırsat bulamamıştım. Boş gördüğüm, iki katlı beyaz villanın, lacivert panjurları açıktı. İki kattaki pencerede denize dönük vaziyette, yansıma görmüştüm. Tam seçemiyordum fakat üzerine tam oturan kısa elbisesi bütün vücudunu sarıyordu. Kıvrımlı ve belirgin hatları odasının loş ışığında bile görünüyordu. Sol koluyla bir şey tutuyor, sağ kolu hareket ediyordu. Sağ kolu hareket ettikçe, saçları belli belirsiz kıpırdıyordu. Vücudu durduğu yerde hareketleriyle ahenk içinde sallanıyordu. Ne yapıyordu? Mehmet gibi, alkol içiyor bir yandan da hoparlörü omuzuna yaslamış aklında neler varsa düşünür ve içiyor gibiydi. Sokak karanlıktı... Odasından loş ışık, adeta deniz feneri gibi yön gösteriyordu. Bense okyanusta cılız bir tekneyle, o yola doğru istemsizce yöneliyordum. Merak ediyor ve içimi adını bilmediğim bir his kaplıyordu. Yaklaştıkça görüşüm netleşiyordu. Açık pencereden bir uğultu geliyordu. Villanın önüne geldiğimde, sesler iyice netleşti. Fark edilmemek için, dua ediyordum. Keman sesiydi. Alkol ve hoparlörü omzuna yaslamış düşüncem aklıma geldi ve kendi kendime ne kadar saçmaladığımı düşünüyordum. Lakin keman sesi düşünmeme izin vermedi. Çalan şarkıyla hipnotize olmuş gibi pencereye doğru yürüyordum. Siluet daha da

[13]

netleşiyordu. Ayağımın acımasıyla kendimi yerde bulmam, saniyelik olmuştu. Çıkardığım tuhaf sesle yere uzandım. Keman sesi durdu. Yerden kalkmaya çalışıyordum. Ayağım ve dizim acıyordu. Ellerim toz içindeydi, şortum tozlandı ve dizim kanıyordu. Kapı açılmıştı. Fenere benzeyen lambayla biri bana doğru yaklaşıyordu. İndigo mavisi, ince askılı, V yaka mini elbisesinin içinde, parlayan açık buğday teni ay ışığına **"sen git ben buradayım"** diyordu. Belirgin, kıvrımlı vücudu keman çalmaya devam ediyor gibi ritimli yürüyordu. Sırtını kapatan kumral saçları, serin rüzgârda uçuşuyordu. Bana doğru eğilerek, kadifemsi ve sakin bir ses tonuyla...

- İyi misiniz?

Yüzüne bakarken seyre daldım. Dünya durmuştu... Kendimi toparlayarak ve heyecanımı gizlemeye çalışarak yavaşça kalktım.

- Ouw! Diziniz kanıyor.
- Önemli değil.
- Burada bekleyin. Peçete getireyim.
- Ufak bir şey, hiç gerek yok.

Gözlerimin içine bakarak, hafif sert bir ses ve keskin bakışlarla...

- Burada bekleyin.

Dedi. Gerek yok, demelerimin onun için bir anlamı yoktu. Bekle demişti... Bir ömür bekleyebilirdim.

- Evvet, önce yarayı temizleyelim. Sonra tentürdiyot sürelim.

Peçeteyle dizimi temizlerken, gözlerimi ondan hiç ayıramamıştım. Güzel yüzünün efsununa kapılıyor, her hareketini izliyor, nefes alışını takip ediyor ve en ufak bir hareketini kaçırmak istemiyordum. Loş ışıklarda gözlerinin rengini göremiyordum. Koyu kahverengi gibiydi... Yüzüne düşen saçları soldan ayrılmış ve bir tutam saçları, yüzüne düşüyordu. Yüzüne düştükçe yukarı doğru nefes veriyor ve saçı uçuşuyordu. Hangi anlarda bu hareketi yaptığını bilmesem de fazlasıyla etkileyiciydi. Loş ışıkların altında yüzünü görmesem de etkilenmiştim. Öyle bir etkilenmiştim ki, tentürdiyot sürmüş, kenarları temizlemiş, benim ona seyre dalışımı fark etmiş olsa gerek ki, tebessüm ediyordu. Bana bakıyordu ve gülümsüyordu. Tanımadığım yabancının, gözlerime bakarak gülüşünü izlemek için senelerce beklemiş gibiydim. Kendime gelmemin zamanı gelmiş ve geçiyordu. Dizime bakıyordum.

- Zahmet oldu, sağ olun.
- Ne demek, rica ederim.
- Adınızı sorsam?
- Bu saate, evimin önünde ne işiniz var? Desem...

Beklemiyordum. Anne babasından habersiz muzurluk yapan sonra da yakalanan çocuk edasıyla, etrafa bakınıyordum.

- Yürüyüş yapıyordum.
- Sonra?
- Ses duyunca, nereden geldiğini anlamak için devam ettim. Pencerede sizi gördüm.
- Veee...
- Çaldığınız müzik, durup dinlememi istedi. Yaklaşmak isterken birden kendimi yerde buldum.

- Ahaha! Fikir güzel, eylem başarısız olmuş...

Gülümsüyordu. Onun gülümsemesine bende gülüyordum. Ayağa kalktık. Birbirimize dönük duruyorduk. İlk kim konuşacak sabırsızlıkla bekliyordum.

- Geçmiş olsun, iyi akşamlar.
- Tekrar sağ olun. Adınızı söylemediniz?
- Valse...
- Yeni taşındınız, sanırım.

Tebessüm ederek bakıyordu. Anlamadığımı anlamış vaziyette gülümsüyordu.

- Evgeny Grinko, Valse... Parçanın adı, iyi akşamlar.
- İyi akşamlar.

Evine doğru yürümeye başladı. Ardından bakıyordum. Evine gidene kadar gitmeye niyetim yoktu. Bahçe kapısına geldiğinde, bana baktı ve gülümsedi. En iyi yaptığı şeylerden biri gülümsek olabilirdi. Evimin yolunu unutmuştum. Ne taraftan gidiliyordu? Ben kimim? Sokaktan ayrılmadan, arkama dönüp bakıyordum. Durduğu pencerede görünmüyordu. Ellerim cebimde dolaşıyordum. Aklımda olan tek şey, bu kızdı... Yüzü, bakışı, gülüşü, dudakları, elleri, gözleri, saçları, vücudu kısaca sadece o ve her şey... Eve geldiğimde, annem ve babam çoktan uyumuştu. Ahşap merdivenlerden odama çıkarken, yabancı kızın evinde de ahşap merdiven olabileceğini düşünüyordum. Belki betondu yâda demir, aklıma niye gelmişti? Odama geldiğimde lambayı yakarak ve pencereden denizi izlemeye başlamıştım. Yatağıma uzanarak ve yabancı kızı düşünmeye devam ediyorken, uyuyakalmışım.

Özge Avcu

3. BÖLÜM
SELİME...

Yatakta uyanmak için debelenirken, annem coşkulu bir şekilde sesleniyordu.

- Oğlum, uyan. Sofraya gel.

Kahvaltı masasında babamla konuşmaları, gülüşmeleri ve birbirlerini kızdırmaları onlara göre cilveleşiyorlardı her zaman huzur buluyordum. Babam yukarı doğru seslenerek...

- Oğlum, akşam Ali beylerin nişanı var. Annen, nişanda kız bakacak sana...

Dedi ve hınzır hınzır gülüyordu. Babam anneme, ısrar etmemesini, üzerime gelmemesini söylüyordu. Annemse babamı dinler, **"Tamam, can parem"** der ve kendi bildiğini yapmaya devam ederdi. Bu durum, sadece benim annemde değil tüm kadınlara özgü bir şeydi...

- Anne, yine mi?

- Oğlum, yaşın geldi de geçiyor. Herkes torununu seviyor. Ayşegül'ün ikinci torunu oluyor. Eleanor ablan, seni kızına az mı istemedi. Kız evlendi, bir sene oldu ama torun geliyor. Arkadaşın Süleyman Eylül'de evleniyor. Senle Mehmet, daha değil daha değil deyip duruyorsunuz. Oğlum, evlen evlen de babanla ben ölmeden Mürvet'ini görelim. Gözümüz arkada kalmasın.

Annem bu taktiği hep uyguluyordu. Onları da anlıyordum. O kadar haklılar ki, onların yaşına geldiğimde belki de bende çocuklarıma böyle söyleyeceğim. Ama acele etmiyordum. Herkesle görüşmüyordum. Yaşayacağım her şeyi fazlasıyla yaşamıştım. Çok canlar yakmıştım zamanın da... Şimdi durgunluk zamanıydı... Sohbet zamanı, gülme zamanıydı... Bir kişi de hem aşkı hem sevgiyi, her şeyi bulma zamanıydı... Günü birlik ilişkilere ve geçici heveslere doymuştum.

Annemle babam, nişan için hazırlanıyorlardı. Annem ne giyeceğine karar vermeye çalışırken, babam kahvaltı sonrasında Türk kahvesiyle balkonda gazete okuyordu. Yatağıma uzanmış ve dün gördüğüm yabancı kızı düşünüyordum. Uzunca hazırlanıştan sonra nişan yerine gitmek için yola koyulduk. Ali bey ve ailesi, Ada'da seçkin kişilerdi. Yunanistan göçmeni olan kökeni, anne tarafından Anadolu iki kültürle harmanlanmış bir aileydi. Ali bey, yerine göre ağırbaşlı yerine göre dünyanın en umursamaz kişiliğiydi. Eğlenmeyi ve eğlenceyi severdi. Fakat nişan, aile dostlarıyla sınırlandırılmıştı. Ali beylerin konağının bahçesine gelmiştik. Tüm hazırlıklar bitmişti. Her ailenin oturacakları masalar belliydi.

Bize ayrılmış masaya, annem ve babamı bıraktıktan sonra arkadaşlarımın masasına oturmuştum. Mehmet beni görünce, aradığı aşkı bulmuş gibi heyecanla sesleniyordu. Her zaman yaptığı selamla beni karşılamıştı. Diğer çocuklarla sohbet ediyorduk. Masalar dolmaya ve davetliler gelmeye başlamıştı. Bir yandan müzik çalıyor. Bir yandan herkes birbiriyle selamlaşıyor. Bir yandan sahne alanında çocuklar oynuyordu. Her masadan sohbet ve kahkahalar yankılanıyordu. Annemin, çocuklarla oturduğum masaya doğru geldiğini görüyordum. Beni kendi masamıza çağırıyordu. Masada biri oturuyordu. Babam çoktan Ali beyin yanına kaçmıştı. Sandalyeye oturduğumda annem beni biriyle tanıştırdı. Eski komşumuz olan Leyla abla... Ben çok küçükken Ada'da yaşıyorlarmış. Çocukluğumu bilirmiş. Seneler sonra taşınmış ve Beşiktaş'a yerleşmişler. Annemle bir ara birbirlerini kaybetmişler daha sonra Ada'ya uğradığında arkadaşlıklarına devam etmişler. Birkaç kere annemden adını duymuştum fakat hiç görmemiştim. Nişan için gelmiş ve iki üç hafta kalacaklarmış. On dakika masada oturdum ve tam kalkacakken, herkesin bahçe kapısına baktığını fark ediyordum. Kapıya bakmamla, gözlerimin açılması bir olmuştu. Uzun derin yırtmaçlı zümrüt yeşili elbiseyle birinin geldiğini görüyordum. Dik yürüyor, etrafındaki insanların ona bakmasına aldırış etmeden yürüyordu, bütün vücudu kendisiyle ahenk içinde defilede yürüyordu adeta... Zarafeti, endamıyla albenisi, aurasına göz kırpıyordu. Herkesin ona bakıyor olması, beni kızdırmıştı. Saçlarını serbest bırakmış, arkaya doğru bordo kurdeleli tokayla tutturmuştu. Bizim masaya geliyordu. Yabancı kız yaklaştıkça, kalp ritimlerim düzensizleşiyor, nabzım hızlı atıyor, nefes alışım değişiyordu. Nişan değildi, dünyanın bütün güzellerini toplamışlar ve eleme yapıyorlardı, yabancı kız birinci seçilmişti. Kimse gözlerini ondan alamıyordu. Onun için tasarlanmış elbiseyle, sahnede yürüyordu. Bizim masaya daha da yaklaşmıştı. Kalp atışımdan öleceğimi sanıyordum. Annemle ve Leyla ablayla selamlaşarak ve sohbet etmeye başlamışlardı. Bir an masada olduğumu unutmuşlardı. Annem yabancı kızla tanıştırdı. Leyla ablanın kızıydı. Öğrendiğimde Leyla ablayı birden sevmeye başlamıştım. Masadan kalkıp Mehmet'lerin yanına gitme düşüncem aklımdan çıkmıştı. Senelerce burada oturabilirdim hem de hiç konuşmadan... Lakin adını hala öğrenememiştim.

Bekâr oğlu olan ablalar, teyzeler bizim masaya tek tek geliyordu. Leyla ablayla ve kızıyla tanışıyorlardı. Annemde bana kız baktığı için hepsinin niyetini biliyordum. İstemsizce sinirleniyordum. Elimde değildi. Ayağa kalktım ve **'iyi eğlenceler"** diyerek ve arkadaşlarımın yanına geri dönmüştüm. Yüzükler takıldı, takı merasimi başlamıştı. Gelen misafirler takısını taktı, yemeklerini yedi ve eğlence kısmına geçilmişti. Nişanlı çiftler ikinci dansını yapıyordu. Bizim masaya baktım ve yabancı kızla saniyelik göz göze gelmiştik.

Annemlerin olduğu masaya yönelmiştim. Annemi dansa kaldıracaktım ki, koluma biri dokundu... Arkamda Ester'i görüyordum. İri mavi gözleriyle bana bakıyor ve her zamanki yüz ifadesiyle sırıtıyordu.

- Dans edelim mi?

- Annemle edeceğim.

- Annenle dans et, sonra biz dans edelim...

Cevap vermeye hazırlanırken, yandan bir ses geliyordu...

- Ester mou...

Diyerek Mehmet, yanımıza gelmişti. Canım kardeşim hayatında ilk defa doğru bir iyilik yapıyordu. Tabi farkında değildi. Yabancı kız, oturduğu masadan bizi izliyordu. Ester Mehmet' dönerek onunla dans etmeyeceğini, benimle dans etmek istediğini anlatıyordu. Mehmet Ester'in peşindeydi, Ester' de benim... Üçümüz bir büyümüştük. Mehmet, başka anneden nasıl kardeşimse

Ester'de benim için öyleydi. Yan gözle bakmak bir kenara dursun, gelen yerli turistler laf attığında Mehmet'le çocuklara dalardık. Eleanor abla eşiyle geçerken ve yarım yamalak Türkçesiyle ve aksanıyla bize bakıp **"gençler, dans edin şarkı söyleyin eğlenin biraz canim"** dedi... Ester'le dans etmeye başlamıştık. Gözlerimi yabancı kızdan alamıyordum. Ester bir şeyler söylüyordu ama ben onu duymuyordum. Yabancı kızla göz göze geldik. Kalbimi bir sızı kaplamıştı. Ne düşünüyordu?

Şüphesi, bizim sevgili olduğumuzu düşünüyordu. Yabancının bana bakışındaki anlamda bir değişiklik yoktu. Beni beğenmediği, dikkatini çekemediğim düşünceleri gelince birden gerildim ve Ester'in elini Mehmet'e doğru uzatarak dans etme görevini Mehmet'e devretmiştim.

- Mehmet, bu akşam Ester'i benden uzak tut, kardeşim...

- Hayırdır brocum, bir şey mi oldu?

- Böyle giderse olacak.

Mehmet arkamdan sesleniyordu. Gençlerin yanına geri dönmüştüm. Halay çekiliyor, Ankara havaları çalıyor, horon tepiliyor, sirtaki oynanıyor... Her telden çalıyor ve oynuyorlardı. Ali bey eşiyle birlikte, annemlerin masasına gidiyordu. Annemle konuşuyor bir yandan Leyla ablaya dönüp bakıyordu. Leyla abla içten olmayan samimiyetiyle tebessüm etmek için çabalıyordu. Bu sırada roman havası çalmaya başlamıştı. Kendi kendime ne alaka desem de Ali abinin eğlencesi, konağın üstünden aşağıya halat iplerle atlayan insanlar da olabilirdi.

Ali beyin eşi, anneme Leyla ablaya ve halen adını bilmediğim yabancı kıza, kalkmaları için el kol hareketi yaparak söylemlerde bulunuyordu.

Leyla ablanın isteksiz olduğu çok belliydi. Annem, yabancıyı elinden tutarak oynamaya kaldırmıştı. İlk defa duyduğum ve son duyacağım " Selime" isimli bir roman havası çalıyordu. Sahne alanında büyük küçük herkes oynuyordu. Annem ve yabancı kız, sahneye çıkıp oynamaya başladıkların da bir süre sonra oynayan herkes olduğu yerde durarak ikisini izlemeye başlamıştı. Çok zaman geçmeden sahnede annem ve yabancıyı yalnız bırakmışlardı. Bir kez daha tüm gözler üzerindeydi. Ne vardı, bu kızda? Oynuyorken kıvraklığı, el ve ayak hareketleri, saçlarını savuruşu, anneme bakarak nazlı tebessümü kendine hayran bıraktırıyordu. Oğullarına kız arayan teyze ve ablaların ellerinden öpüyorum. Benim için sorun olacak, onlar için hedef belirlenmişti. Düz ve huysuz bir adamım ben. Sonrasında neler olabileceğini düşününce sinirleniyordum. Şu oyunun ve şarkının bitmesi için dua ediyor, yumruğumu sıkıyordum. Ters bakışlarla etrafıma bakıyordum. Kimlerin yabancıya baktığını görmeye çalışıyor ve bakan herkese sinirleniyordum. Müzisyene doğru Mehmet'le yürümeye başladık. Şarkıyı değiştirmesini, kimsenin oynamadığını, biraz da gençlerin eğlenmesini söyledim. Şarkının bitmesine yakın, Rahmetli Cem Karaca'nın Bindik Bir Alamete şarkısını çalıyordu. Mehmet, sahneye atlayınca bütün gençlerin hepsi doluşmuştu. Herkes alkışlıyordu. Nişan bitmek üzereydi. Leyla abla ve kızı gitmeye hazırlanıyordu.

Şarkı bittikten sonra annemlerin masasına oturmuştum. Leyla abla ve yabancıyla tokalaştım. Öyle güzel gülüyordu ki, güldüğü her insanı kıskanıyordum. Annemle, Leyla abla önde yürüyor ve konuşuyorlardı. Yanımda duran yabancı kızla, yürüyordum. Adımlarımı ona uydurmaya çalışıyordum. Solumda duruyordu.

Gözlerinin renginde, kaybettiğim kendimi yeniden buluyordum. Ela'ydı... Daha önce bu renk hiç bu kadar gözüme hoş gelmemişti. Gülümseyerek...

- Naber?
- İyiyim, teşekkürler sizden naber?
- Bende iyiyim, sağ ol.

- Adını ne zaman öğreneceğim?
- Bu akşam...
- Kapıdan çıkmadan söyleyecek misin?
- Bilmem belki...

Heyecanım giderek artıyordu. Annem ve Leyla abla bahçe kapısına gelmişti. Birbirlerini öptüler vedalaştılar. Yabancı kız benden biraz uzaklaşmıştı. Yanakları kızarmıştı. Utangaç tavırla...

- Kumral...

Diyerek, gülümseyip kafasını öne çevirmişti. Saçlarının rengi de kumraldı... Ten rengi açık buğday ve kumral arasındaydı...

Kumral, adı mıydı? Yoksa teni miydi? Âşık olmuştum, aklımdan çıkmıyordu. Onu düşünmemek için çabalasam da olmuyordu.

4. BÖLÜM
ESMER GECELER...

Eve gitmeye hazırdık. Nişanı tadında bırakmıştık. Annem ve babam eve geçerken, arkadaşlarımla her zaman gittiğimiz yere gitmek için sözleşmiştik. Nişandan sonra herkes bizim mekânımız da buluşacaktı. Ada'nın sahil kısmında, denize yakın bir alanda kendimize ahşaptan piknik bankı yapmıştık. İnsanlar gündüz buradan geçiyordu. Plajlardan meydan ve iskeleye gelmek için bu yoldan geçiliyordu. Yazın ve kışın kalanlar bu yolu sürekli kullanırdı. Çocuklarla burası bize ait yerdi. Ateş yakar, alkol içer, sohbet eder, maç izler bazen de spor müsabakaları hakkında konuşmalar yapardık. Arkadaşlarımla aramızdaki bağ oldukça kuvvetliydi. Fakat Mehmet ayrıydı. Eve gelerek ve üzerimi değiştirmiştim. Çocuklarla olan mekânımıza gitmek için yola koyuldum. Adım atarken aklımda tek bir kişi vardı. Adı gibi Kumral'dı...

Sahile doğru yaklaşırken, parkın kenarında oturan insanları izleyerek geçiyordum. Az ilerde Kumral'ı ve yanında birini görüyordum. Yanındaki kişiyi karanlıktan seçemiyordum. Kim olduğunu anlayamamıştım. Bankta oturuyor ve keyifli bir şekilde sohbet ediyorlardı. Yakınlaştıkça yanındaki kişinin, Ali beyin nişanlanan kızı olduğunu görmüş oldum. Nişandan sonra erkek tarafı ve Kadıköy'e geçmişlerdi. Çiçeği burnunda nişanlı kız, arkadaşıyla nişan değerlendirmesi yapmaya çıkmıştı. Ada küçük ve gidilecek fazla yer yoktu. Ali beyin kızı, bana bakıyor ve gülümsüyordu...

- Melih abi, nasılsın?
- İyiyim sağ ol, sen nasılsın?

- Harikayım. Kumral'la tanıştın mı?
- Nişanında tanıştık.

Kumral, dinliyor ve tebessüm ediyordu. Dinlemesi de gülmesi de çok güzeldi. Sanırım her yaptığı hareket hoşuma gidiyordu. Bana bakarak,

- Merhaba...
- İyi akşamlar, nasılsınız?
- Teşekkür ederim, iyiyim siz nasılsınız?
- Bende iyiyim teşekkürler.

Kübra, araya girerek... Ve söylerken Kumral'dan onay istercesine...

- Bize katılmak ister misin?
- Başka zaman, arkadaşlarımın yanına gidiyorum.
- Peki, iyi akşamlar.
- İyi akşamlar.

Gözlerim Kumral'da takılı kalmıştı. En ufak bir hareket yapsa onu bizim mekâna davet edecektim ama çok saçma olurdu. O kadar erkeğin arasında ne işi olabilirdi?

- Bende eve gideceğim. Malum nişan hazırlıkları beni çok yordu bir de heyecan var üstümde... Ayrıca müstakbel nişanlımla da konuşmalıyım...

Söylerken sırıtıyordu. Mutluluğu gözlerinden okunuyordu. **"İyi akşamlar"** diyerek uzaklaştı yanımızdan... Kumral arkasından el sallıyordu. Baş başa kalmıştık. Yavaş bir hareketle usulca yanına oturdum. Limanı izliyordu. Ona dönerek elimi uzattım.

[25]

- En baştan alalım. Merhaba ben Melih...

Gülümsüyordu ve o güldükçe içimde bir şeyler yeşeriyordu.

- Merhabalar, bende Kumral...
- Arkadaşlarımla olan planımı şu an iptal ettim. Benimle yürüyüş yapmak ister misiniz?

Cevap vermesini beklemeden, Mehmet'i aradım. Gelemeyeceğimi ve çok içmemesini söyleyerek telefonu kapatırken Kumral, bana bakıyordu.

- Benim için planınızı iptal ettiniz. Sanırım bu durumda eşlik etmeliyim.
- Etseniz iyi olur, Kumral Hanım...

Birlikte gülüyorduk ve aynı anda ayağa kalktık. Yürüyor ve etrafa bakınıyorduk. Gündüz açık olan dükkânlar çoktan kapanmıştı. Konakların, villaların, önünde kediler ve köpekler uyuyordu. Sokak lambalarının loş ışığında, sessizliğin içinde yürüyorduk. İlk kim konuşacak merak ediyordum. Sonunda dayanamayarak, konuşmayı başlattım.

- Kumral... Kimdir?

Daha önce bu soruyla karşılaşmış gibi bakarak...

- Sıradan bir kız.
- Her şey olabilir ama sıradan asla olamaz.

Bir anda dönüp bana bakmaya başlamıştı. Kalbim yerinden fırlayacak gibiydi...

- Kelimeleri iyi kullanıyorsun.
- Bilemem ama ilk defa içimden geçenleri söylüyorum.

- Peki, sen kimsin?
- Adada doğup büyüyen, deli dolu zamanlarını yaşamış, şimdiyse gerçekler de yaşayan biriyim.
- Olgun sözler söyledin. Umarım 40 yaşında değilsindir.
- Ahaha! O kadar yaşlı değilim. 32 yaşındayım ve hiç evlenmedim.
- Hmm... Bunun özel bir nedeni var mı?
- Hazır değildim. Beklediğim doğru kişi karşıma çıkmadı. Bayanlara yaşı sorulmaz ama sormalıyım, 18 yaşında gibi duruyorsun.
- İltifatın için teşekkür ederim fakat bende o kadar genç değilim. 25'im...
- 17 yaşında olmamana çok sevindim.
- Neler yapıyorsun? Hep adada mı kalacaksınız?
- Okulum yeni bitti. Ailemle Beşiktaş'ta yaşıyorum. Yaz aylarını burada geçireceğiz. Kübra'nın nişanı, erken gelmemize neden oldu.

Halinden memnun değilmiş gibi söylemişti. Belki de oradaki hayatı buradan daha güzeldi. Belki de erkek arkadaşı vardı. Nasıl soracağımı bilemiyordum. Lakin bu gece öğrenmeliydim.

- Seni her gün görebilir miyim?
- Belki.

Kaçamak cevaplar veriyor ve beni beğenip beğenmediğini bile anlayamıyordum. Daha çok soru sormak istiyor, hemen şu an da her şeyi öğrenmek istiyor ve onu hemen tanımak istiyordum.

Kumral & Esmer

Adanın üst taraflarında piknik alanına gelmiştik. Banka oturmuştuk. Kayalığın üstünde ve adanın gece hırçın sularını izliyorduk. Sanırım ikimizde kendi zihnimizin karanlık odalarına yâda en güzel odalarını seyre dalıyorduk. Birlikte susuyorduk. Bana dönerek...

- Burada günlerin nasıl geçiyor?

- Burada iki yerimiz var. Birinde ben duruyorum, babamla dönüşümlü olarak... Diğer dükkânı da babamın çocukluk arkadaşı işletiyor. Ben genelde restoran tarafındayım. Dedemden kalan köşkü, babam restoran ve üst katları otel yaptı. Genelde burada duruyor ve her şeyle ilgileniyorum.

- Anladım.

- Hala, soruma cevap vermedin?

- Geç oldu, gidelim mi?

- Seni tekrar görebilecek miyim? Numaranı verir misin? Sakıncası yoksa...

Numarasını vermedi ama Instagram ismini söylemişti. Hemen oracıkta eklemiştim. Saatler sonrasında beni takip etmeye başlamıştı. Sonunda ulaşabileceğim bir yer vardı.

Olduğumuz yerden merkeze doğru tekrar yürümeye başlamıştık. İlk gördüğüm yere gidiyorduk. Konuşuyor, sohbet ediyor ve bol bol gülüyorduk. Yanımdayken, eksik parçamı bulmuş gibi hissediyordum. Yavaş adımlarla yürüyordum, onu da yavaşlatıyorum ki, daha çok vakit geçirebileyim. Daha önce ada bu kadar büyük gelmemişti, gözüme... Evinin sokağına yaklaştığımızda, içimde tuhaf bir his oluşmuştu. Yanından ayrılmak istemiyordum. Elimde olsa, evinin karşısına bank koyacak ve birlikte oturmak istiyordum. Kaçınılmaz son geldi ve artık evinin önündeydik, sarılma isteğimi bastırmaya çalışıyordum. Sarılırsam sımsıkı, bırakamazdım.

- İyi geceler.

Dedi, arkasını dönüp gidiyordu. Kolundan tutup bana doğru dönmesini sağladım. Ela gözleri karanlıkta, kahverengine dönüşmüştü...

- Güzel bir geceydi. Teşekkür ederim.

Gülümsedi ve dediklerimi onaylar gibi işaret vermişti. Odasının ışığını yakana kadar oradan ayrılmadım. Evime geldiğimde, akvaryumumu izlemeye koyuldum. Birlikte geçen dakikalar, aklımdan tek tek geçiyordu. Kumral'ı aklımda yer edinmişti. Ve çıkmak bilmiyordu. Gündüzleri nerede olduğumu biliyordu. Restoranın önünden geçer diye erken saatlerde gidiyordum. Annem ve babam bu duruma şaşırmıştı. Kahvaltımı yapıp, evden ayrılırken **"Günaydın"** mesajı atmıştım. Hemen cevap gelmişti. Konuşmaya başlamıştık. Gün içinde neler yapıyorsak, birbirimize anlatıyorduk. Benim için aşktan önce kafa yapımın uyması, hoş sohbet, birlikte gülmek ve eğlenmek, konuşmak ve susmak bunlarla birlikte karakter ve dış görünüş önemliydi. Kumral'da bunların hepsi fazlasıyla vardı. İki üç gün sonra telefondan görüşmeye başladık. 3 ay arkadaşlığın ardından, artık sevgiliydik. Zamanın nasıl geçtiğini anlamıyordum. Üç ay geride kalmıştı. Her gün fırsat yaratarak on dakika dahi olsa, buluşuyorduk. İşimiz yoksa her akşam dışarı çıkıyorduk. Ada küçük ve ailemi herkes tanıyordu. Kumral'ları da herkes tanıyordu. Gidebileceğimiz farklı yerler yoktu. Kimseye görünmemeye çalışıyorduk. Bir hafta sonu Kumral, annesiyle Beşiktaş'taki evlerine gidecekti. Gittikleri gün, bende Beşiktaş'a gidecektim. İşlerini hallettikten sonra görüşecektik. Akrabalarımın çoğu bu yakalardaydı... Amcamları ziyaret gitmiş ve kuzenimin arabasını almıştım. Bostancı, Küçükyalı, Etiler, Bebek, Tarabya... Daha önce gittiğim her yere Kumral'la gitmek istiyordum. Birlikte dünyayı dolaşmak ve herkesten uzaklaşmak istiyordum. Öğleden sonra buluşmaya karar verdik.

Özge Avcu

5. BÖLÜM
SAHİL KENARI...

Onun geldiğini görünce, güller yeşeriyordu. Bir annenin kaybettiği çocuğunu bulmasıydı... Bir çocuğun lunaparkı görmesiydi... Bir ablanın kardeşlerine sarılması elimi tutuşu... Bir yetimin başının okşanmasıydı, yanımda oluşu... Tanrılar divanında hüküm verilmişti sanki biz birbirimize gönderilmiştik. Galata'yla Kız Kulesi'nin kavuşmasıydı... Avrupa ve Asya'nın bir olması... Tüm hastalıkların, savaşların ve kötülüklerin bitmesiyle, dünyaya barışın gelmesiydi... Yemek yemekti, su içmekti ve nefes almaktı... Onun varlığı... Yanımdan teğet geçse, ihtilaldi tüm duygularıma... Koşa koşa atladı, kollarıma... Sarıldı ve belinden kavrayıp, döndürüyordum. Dünya bizimle dönüyordu... Çocukken hiç dönme dolaba binmemiş gibiydim... Onunla yeniden hatırlıyordum, daha önce bildiğim her şeyi... Yanaklarını tutarak **"gülüm"** demiştim. Sımsıkı sarıldık. Kürek kemiğimi öpmeyi seviyordu ve öpüyordu. Gözleri elaya dönüyordu. Sahile doğru yürümeye başlamıştık. Ellerimi tuttuğunda öyle güçlü hissederdim ki, herkese meydan okurdum. Kimse zarar veremezdi, onun yanında ne ona ne bana... İçimdeki bütün boşluklar onunla doluyordu. Zamanla her şeyim oluyordu. Eksik duygularımı tamamlıyordu. Hüzünlerimden öpüyordu. O bana Şems'ti... Kendimi tanımaya çalışırken dünya ahalisine ayak uydurma çabalarım onun yanında son buluyordu. Kendimi onunla bulmuştum. İlahiyle ilk defa tanışıyordum. Varış menzilimdi. Hayatımda olmasına şükür sebebimdi. Dinimdi... İnançlarımdı... İçimdeki iyiliklerdi... O benim için yaratılmıştı. Yani huzur, yokluğu her zaman karanlık olacaktı. Bilememiştim.

Kumral & Esmer

Renkleri yeni öğreniyordum. Gökyüzünün maviliği, bulutların beyaz, mavinin birbirine bu kadar yakışmasına ilk defa tanık oluyordum. Daha önce hiç görmemiştim, minik adımlarla yürüyorduk. Soğuk kahve almak için benzinciye gideceğimi söylemiştim. Gözlerimi kapatıp, içimden dualar ediyordum. **"Yaşadığım şu ana bu duygulara şükürler olsun. Teşekkür ederim Rabbim, beni aşkla tanıştırdın. "**

- Melih!

Çığlık sesi geliyordu. Ayağa kalktım ve karşıya bakıyordum. Karşıdan karşıya hızlıca geçmeye çalışıyordum. Arabalar umurunda değildi. Anlamaya çalışıyordum. Sadece onu görüyor ve onu duyuyordum. 10 saniye geçti yâda geçmedi arkamı dönmüştüm. Kavga eden gençlerden birinin Kumral'a çarpması anlık olmuştu. Yere düştüğünü görüyordum. Kornalara aldırış etmeden koşarak yanına gitmiştim. Gözleri kapalıydı. Gençler kavgayı bırakmış, yanımıza gelmişti. Çocuklara küfrediyor, ona bir şey olursa onlara neler yapacağımı bağıra bağıra söylüyordum. Tek gördüğüm Kumral'dı... Kucağıma alarak, arabaya bindirdim. Yakın hastane İstinye devlet hastanesiydi, acile gelmiştik. Ne yaptığımın farkında değildim. Duvarları yumrukluyordum. Herkes bana bakıyordu. Kavga eden çocuklardan birini duvara yapıştırmıştım. Hastane güvenliği müdahale ederek, bizi ayırmıştı. Beni çocuğun boğazından zor almışlardı. İyi bir haber gelmezse, çocuğu öldürebilirdim. Odadan doktor geliyordu. Kafasından darbe aldığı için bir gece müşahede altında kalması gerektiğini söylemişti. Sedyeyle acilden çıkararak başka bir odaya götürdüler. Bir an olsun yanından ayrılmamıştım. Kolunda serum takılı, kafasını sarmışlardı. Yarı uyanık yarı uyuyor gibiydi... Elini tutuyordum. Saçlarını okşuyordum. İyi olması için dualar ediyordum. O sırada annem aradı. Bu gece eve gelmeyeceğimi söylemiştim. Kumral'ın annesi arıyordu. Telefonu açamıyordum. Kendine gelmeye başlamıştı. Neler olduğunu, nerede olduğumuzu soruyordu. Korktuğumu ve üzüldüğümü görünce, yanağımı okşamaya başlamıştı.

Ellerini öptüm, avuçlarını kokladım, köprücük kemiğini içime çekerek öpüyordum. Güzel gözlerine bakarak...

- Yanındayım.

Dedim ve yanına uzanmam için işaret ediyordu. Nefesim yine hızlanmaya başlamıştı. Tenim ilk defa ona dokunucaktı. Vücudum karıncalanmaya başladı. Kokusunu içime çektim. Tenim, buğday teninin yanında gitgide esmerleşiyordu. Kumral'ın yanında uzanıyordum. Gözlerinin içine bakarak;

- Gözlerin, şimdi bal rengi oldu.

- Hangi rengi yakıştırıyorsun?

- Hepsi yakışıyor. İlk bakıldığında kahverengi, ışıklı ortamlarda ela... Bu kadar yakından bakınca bal rengi... Güneşe yâda ışığa baktığında yeşil... Hepsi seninle çok güzel... Ama benim en çok sevdiğim ela... Bana bakarken ela oluyor.

- O halde, hep yanımda ol ki, gözlerimde ela baksın.

- Pencerede gördüğüm ilk an ve sonra geçirdiğimiz her an seviyorum seni... Sana bir şey oldu sandım. Aklımdan geçenleri anlatmamın imkânı yok.

Kumral & Esmer

Hislerini çok nadir söyleyen Kumral, tüm şairlere meydan okuyordu. Tüm âşıklara ders veriyordu. Korkmuştum. Bir dakika bile yanından ayrılmamıştım. Yemek yiyor, film izliyor, gülüyor, eğleniyorduk.

Hastanede değil de evde gibiydik. Annesiyle konuşmuştu. Çocukluk arkadaşında kalacağını söylemişti. Leyla abla Kumral'a çok düşkündü böyle görse panikler ve sonra da hastalanırdı. Tüm telaşları bir kenara bıraktık. Sadece biz vardık. Başını omzuma yasladığında evimde oluyordum. Güneş çekildi kenara, ay belirdi gökyüzüne... Telaşlar kapının ardındaydı. Hastane odası, deniz kenarında ay ışığının altındaydı. İkimizden başka kimse yoktu. Her dokunuşunda iliklerime kadar titriyordum. Geceye hapsolmak istiyordum. Yıllarca bu odada kalmaya razıydım. Ben onunla her şeye razıydım. Yavaşça dudaklarına dokundum. Heyecanımı gizlemek için yavaş nefes alıp vermeye çalışıyordum. Parmaklarım dudağına değince; karnımda hoş bir ağrı, kalbim çoktan teslim olmuştu. Daha da yakınlaştım. Alnından öptüm. Usulca boynuna sokuldum. Uyumaya hazırdık. Sabah olunca doktor kontrole geldi ve taburcu etti. Dün gece bir şey olmamış gibi gezmeye, dolaşmaya devam etmiştik. Hiç ayrılmak istemiyordum. Beşiktaş'tan Ada'ya taşınmaları için ikna etmeye çalışıyordum. Hep yakınlarımda olmalıydı. Artık ondan ayrılmak istemiyordum. Annesini Ada'da yaşamaya ikna etmeye çalışıyordu. İşlerini ve evlerini düzenlediler. Ada'ya yerleşmeye hazırlanıyorlardı.

Özge Avcu

6. BÖLÜM
15 AĞUSTOS...

Beni sevdiğine emindim. İlişkiler her zaman güneşli değildir. İlk zamanlar bir araya geldiğimizde ayrılıklar yaşanmıştı ve birbirimizden kopmamıştık. Tekrar bir araya gelmiştik. Sohbetlerimiz birbirine benzese de gerçekte birbirimizden çok farklıydık. Kadınlar her yaşta ve her zaman duygusaldır. Biz erkekler öyle değiliz. Duygularımı davranışlarda yansıtırken, benden bazen sevgi sözleri bekliyordu. Zorlandığım zamanlar oluyordu. Bir konuda Kumral'ı çok yargılamıştım. Çok önceden olan eski sevgilisi konusuna fazlasıyla takılmıştım. Burası ikimizin arasında görünmeyen uçurumlar oluşturmuştu. Kumral'dan yana olmasa da benden yana bazı şeyler değişiyordu. Fakat beni sevmekten, yanımda olmaktan ve bizden vazgeçmiyorduk. İlişkimiz başlayalı bir seneye yakın olmuştu. Birbirimizi fazlasıyla tanıyorduk. Kim, nerede, ne diyecek? Kim, neye ne tepki verecek? Her şeyimizi biliyorduk. İlişkinin altıncı ayında aramızda yüzük takmaya karar vermiştik. Eyüp Sultan'a gezmeye gittiğimizde, gümüş renk iki alyans almıştık. Gümüş renk takıları çok beğenirdi. Yüzükleri aldığımız gün Pierre Loti Tepesinde yemek yedikten sonra kahve içiyorduk. O gün ailelerimizin yaşadığı sıkıntıları birbirimize anlatmıştık. Artık birbirimizin derin yaralarını biliyorduk. Birinin karanlık olaylarını bilmeden ve o olaylara verdiği tepkileri bilmeden, kimseyi tanıyamazsınız. İnsanlar rutinleriyle tanınırken derin acıları ve güzel zamanlarını öğrendiğinizde tanımaya yakınlaşırsınız.

[35]

Kumral & Esmer

Kalbinin sığ köşelerinde izi kalmış, zihninin karanlık odalarına sessizce çekilmiş, kendiyle olan savaşlarını ne zaman öğrenirseniz, tam olarak burada tanırsınız karşınızdaki kişiyi... Sevdiği yemek, renk, neler yaptığı yâda karakter bunlarla birlikte yaşadıklarıdır. Biz artık birbirimizin sızılarını biliyor ve o akşam tamamlanmıştı. Aile konularından konuşuyorken, bir şey söylemiştim ve Kumral'da üzülerek, kızmıştı. Gülen yüzü gökyüzüne doğru süzülüp gitmişti. Bir anda sessizleşmişti. Gri dar elbisenin üzerine giydiği açık mavi gömleği çıkarmıştı. Bir sigara yakmıştı, sigara mı yanmıştı ben mi? Bilemedim. Aldığımız yüzükleri takamamıştık. Beni evden aramışları ve hemen gitmek zorunda kalmıştık. Yüzükler bende kalmıştı. Sonra tartışıp ayrılmıştık. Tekrar barıştığımızda bana yüzükleri sormuştu. Evde bir yerlerde duruyor, demiştim. Takmak için sabırsızlandığını söylemişti. Çok geçmeden başka bir görüşmemizde tekrar yüzükleri sorduğunda, ayrıldığımız dönem olduğu için yüzükleri attığımı itiraf etmiştim. Yalan söylemiştim. Gözlerimin içine bakmıştı ve gözleri dolmuştu. Hiçbir cevap vermemişti. Üzdüğümün farkındaydım.

Başka bir zamanda geziyorken, siyah renk sayıları beyaz olan, Swatch tarihli yüzük almıştı. Yüzüğün tarih bölümüne benim doğum tarihimi yazacağını söylemişti. İkimizde unutkandık. Birçok kez doğum günlerimizi söylemiştik. İkimizde unutuyorduk. Doğum günümü sordu ve ben yine yalan söylemiştim. Masanın üzerine yüzüğü koymuştu, tarihi söylediğim doğum günü olarak değiştirmişti. Öyle heyecanlıydı ki... Yanağımı öpmüştü. Bu haline acımış mıydım? Yoksa içten içe eğleniyor muydum? Bende bilemiyorum. Çok geçmeden burcumun ne olduğunu bildiği için yanlış tarih verdiğimi anlamıştı. Çünkü söylediğim tarih, benim burcum değildi. Tek söylediği şey, **"neden yalan söyledin?"** olmuştu. Doğum tarihimle ne yapabileceğini sormuştu, bende alaycı konuşmamla geçiştirmiştim. Bu olaydan sonra bana sevgisini gösterirken mesafeli davranmaya başlamıştı. Yine de kopmadık. Bir akşam için sözleştik. Garipçe Kalesi henüz keşfedilmemişti. Manzaraya karşı, müzik dinliyorduk. Arabanın ön kaputunda uzanıyorduk. Üzerimiz kirlenmiş, hava serin derdimiz değildi. Arabanın kapıları açıktı ve biz **Güncel Gürsel Artıktay'ın Bu Yüzden** şarkısını dinliyorduk. Defalarca dinlemiştim bu şarkıyı lakin Kumral açınca ve birlikte dinlemeye başlayınca şarkının sözlerinin, sonumuzu anlattığını kestirememiştim. Dolunay vardı, fakat benim yanımda parlıyordu.

Kumral'lar Ada'ya taşınmaya hazırlanıyorken, annem ve babamda memlekete gitmeye hazırlanıyordu. İki ailenin aynı zamana denk gelmesi, benim ve Kumral için müthiş zamanlamaydı. Planlar yapıyor ve hepsini Kumral'la paylaşıyordum. Birlikte yapmak istediği şeyleri, anlatıyordu. Piknik yapmak, denize ve havuza gitmek, Bostancı Gösteri Merkezinde Lunapark'a gitmek, Bowling'e gitmek, Voleybol oynamak, müze gezmek, sanat galerine ziyaret, konsere ve sinemaya gitmek, yeni nesil meyhanede eğlenmek, dans etmek... Sevdiği neler varsa birlikte yapmak istiyordu. Hepsini yapacak yeterli zamanlarımız vardı. Kumral hayatıma girdikten sonra, erkek arkadaşlarımdan biraz uzaklaşmıştım. Her anımı Kumral'la geçirmek istiyordum. Yanımda olsun yeterdi bana... Saatlerce telefonda konuşuyorduk. Ada'da akşam saatleri piknik yapmıştık. Uzanmış ve gökyüzünü izlerken, bir yandan müzik çalıyor ve Mehmet Coşkundeniz'in Aşk Bize Yakıştı, bana hediye ettiği kitaptan satırlar okuyordu. Her şeyi bir kenara bırakıp yan yana uzanıp, gözlerimizi kapatmıştık. İkimizde ayrı ayrı geleceğe dair hayal kuracak ve birbirimize anlatacaktık. Bana bakarak gülümsüyordu. Ve konuşmaya başladı...

- Gelecekte yanımdaydın. Bir oğlumuz ve bir kızımızla birlikte...

Gözleri ışıl ışıl parlıyordu. Dinlemeye devam ediyordum.

- Gerçek sevgimiz gibi oğlumuzun adı Destan, kızımızın adına sen karar veriyordun.
- O günler geldiğinde, sadece ikimiz olacağız. Hiç ayrılmayacağız. Seni her an sevmeye devam edeceğim.

Birbirimize sarıldık ve piknik sona ermişti. 15 Ağustos akşamı, annem ve babam burada değildi. Ne şanstır ki, Kumral'ın annesi de burada olmayacaktı. Rahat ettiğim tek yer evimdi. Kumral'lın bizde kalması için önceden planlar yapmıştık. Tanınmamamız gerekiyordu. İskelede buluşacaktık. Kumral'a siyah bol eşofman, bol sweat, ve şapka vermiştim. Bunları giyerek eve girecekti. Poşeti aldıktan sonra cafe'de oturmaya başlamıştık. Saatin geçmesini ve sokakların tenhalaşmasını bekliyorduk. Saatlerce oturduk, sohbet ediyorduk. Saat 00.00 olduğunda cafe'den ayrılmıştık. Kumral bir süre sahilde oturmaya devam etti. Ondan önce eve geldim ve Kumral'ı bekledim. Telefonumuz hep açıktı ve konuşuyorduk. Sokakta belirmeye başlamıştı. Kumral olduğunu bilmesem ben bile tanıyamayacaktım. Köşkün kapısını açık bırakmıştım. Kapıyı kapatınca bütün telaşımız sona ermişti. Kapıda bekliyordum. Koşarak bana doğru geliyordu. Boynuma atlattı ve belinden sıkıca kavrayıp, döndürmeye başlamıştım. Dünya ayaklarımızın altından kayıp gitmişti. Evimdeydim ve diğer evim yanımdaydı. Sıkıca sarılıp yanağından öptüm. Şapkayı çıkararak, uzun saçlarını savurdu. Saçları hareket ettikçe çiçek kokuları yayılıyordu. Evi dolaştırdım. Annemin kışa hazırladığı konserveler, cam kavanozlarda duruyordu. Reçeller, menemenler, turşular buzdolabının yanındaki masada sıralıydı. Salonda L koltuğumuz TV ünitesinin tam karşısındaydı. Orta sehpanın üstünde annemin sevdiği dantel örtü ve üzerinde canlı çiçekler duruyordu. Deniz manzarasına karşı kare bir alan da yemek masamız vardı. Masanın üzerinde cam tabakta her zaman mevsimine göre meyveler olurdu. Salon duvarlarında asılı olan soy ağacı resimlerimizi incelerken, hiç görmediğim anneannemi, onun annesini, babaannemi ve onun anne babasını anlatıyordum. İkinci katta anne ve babamın yatak odası, ebeveyn banyosu ve bir oda daha vardı. Babam burayı çalışma odası olarak kullanıyordu. Gençliğinden, annemle ve benimle olan resimler, oyuncak arabalar, biblolar, tablolar her şey buradaydı. Annem ve babam bu alanı ikisinin, dinlenme alanı olarak kullanıyordu. Manzaraya karşı parlement mavisi kadife koltuk, babamındı. Kadife bordo rengi koltuk, annemindi. Ahşap sehpanın üzerinde şamdan duruyordu. Annem ve babam buraya bazen tek çoğu zaman birlikte otururlardı. Babam dergi okurken, annem kitap okurdu. Okuyamadığı yeri babama sorar ve babamda hiç sıkılmadan okurdu. Babam çay, annem kahve içerdi. Gün sonu değerlendirmeleri yapar, güle oynamaya cilveleşirlerdi. Bazen de hiç konuşmadan manzarayı izlerlerdi. Seneler geçmiş olmasına rağmen birbirlerine olan hürmetleri ve sevgileri hiç azalmamıştı. Uzaktan onları izler, şükrederken imrenirdim. Böyle bir ilişki eskiler de vardı. Günümüzde böyle olacak olanlar var mıydı?

Evimin her yerinde Kumral'ı izliyordum. Misafirliğe gelmiş meraklı çocuklar gibi etrafı inceliyor, sorular soruyor ve gülümsüyordu. Odama yaklaşmaya başladığımızda, antre alanında duran araba koleksiyonumun yanına hızlıca gitti. Arabaları sevdiğimi biliyordu. Hepsini tek tek inceledi ve hepsine dokundu. Kırmızı renkli Klasik 1963 model Maserati Mistral Coupe arabayı çok beğenmişti. Kırmızı ve bordo renklerini severse de yalnızca ruj ve oje olarak kullanırdı. Bordo ve kırmızı elbiseler tenine çok yakışırdı. Henüz farkında değildi. Odama yaklaştıkça benim de heyecanım artıyordu. Kapının tam karşısında duran çift kişilik yatağımda çarşaf beyaz, nevresim siyah beyaz çizgili ve yastıklarım biri siyah biri beyazdı, dikkatini çekecekmiş olmalı ki, şaşkın bir ifadeyle bana bakıyordu. Akvaryumuma yöneldi. Özenle baktığım akvaryumumu izlemeye başlamıştık. Camın kenarında duran çalışma masama gidiyordu ki, belinden sarılmıştım.

Sırtını kapatan uzun kumral saçlarını omuzlarına atarak, boynunu, sırtını öpmeye başlamıştım. İkimizde çok heyecanlıydık. Bedenini bana doğru çevirdikten sonra yüzünü avuçlarımın arasına almıştım. Öyle masum, öyle güzel bakıyordu ki, bu an rüyalarıma girmeye devam ediyor. Alnını öperek, dudaklarına yaklaşmıştım. Yaklaştıkça alevler fışkırıyordu, ikimizden... Birbirimizi öpmeye devam ediyorduk. Kokusunu bol bol içime çekiyordum. Yatağa uzanırken bir an gözlerimin içine masum ifadesiyle bakıyordu. Kulağına eğilerek...

- Sen benim kaderimsin.

Tekrar öpmüştüm. Kum saati vücut hatlarına, buğday tenine her dokunuşumda uzay boşluğunda evrene uçup gidiyorduk. Birbirimize ait olmaya hazırdık. Terli ve yorgun bedenlerimiz, birbirine sarılarak uzanıyordu. Omuzlarından öpüyordum. Biraz uzandıktan sonra lavaboya gitmek için hazırlanıyordu. Nevresimle üzerini kapatarak odanın içindeki lavaboya gitmişti. Çok geçmeden elinde bir peçeteyle yanıma geliyordu. Şaşkınlıkla yüzüme bakıyor ve peçeyi gösteriyordu. Başım istemsiz sola çevrilmişti fakat o anlamamıştı. O şekilde bir şey yaşanmadığını, dikkat ettiğimi, tahriş olabileceğini söylemiştim. **"Tamam"** diyerek lavaboya geri dönmüştü. Aramızda neler olduğunu hiç anlamadığının, farkındaydım. Aramızda bir şey yaşanmadığını tekrar söyleyerek geceye gözlerimizi kapatmıştık. Sabah oldu ve birlikte kahvaltı hazırlarken, bir yandan şarkı dinliyor bir yandan şarkı söylüyor ve bol bol birbirimizi öpüyorduk. Kahvaltı yaparken dün gece olanları sormuştu. Kadınsal bir sorun yaşadığını, tam olarak birbirimize ait olmadığımızı söylemiştim.

- Dikkat ettim diyorsan, öyledir. Sana güveniyorum. Aramızda bir şey olmasa da ileride zaten olacak. Evlendiğimizde ölene kadar birbirimize ait olacağız.

- Ya, kaderimdeki kişi sen değilsen?

Aniden gelen korkunç bir haberin etkisiyle şok olmuş vaziyette yüzüme bakıyordu. Biraz bekledi, kendini toparladı yutkunurken ses tonunu dengeledi...

- Kader, değiştiremediklerimizdir. Seçemediğimiz ailemizdir. Göz, ten ve saç rengimizdir. Geri kalan her şey insanların kendi seçimidir. Kader vardır aynı zamanda seçimlerde etkiler. Kiminle birlikte olacağımızı biz seçeriz.

Kumral & Esmer

Düşünmeme neden olan bilge sözlerinden sonra kahvaltımıza devam etmiştik. Üç gün boyunca beraber kalmıştık. Dans ettik, şarkılar söyledik, birlikte yemek yaptık, şarap içtik, kitap okuduk, film izledik, tekrar tekrar yakınlaştık adeta kendi kalemizde unutulmayacak üç gece geçirmiştik.

Evin içinde yapabileceğimiz her şeyi yapıyorduk. Gülkurularıyla dolu, mum ışık eşliğinde yemek yerken bir yandan kırmızı şarabımızı yudumluyorduk. Kumral'a çok yakıştırdığım dar bordo elbiseyi giymişti. Saçlarını enseden toplamış, mat bordo ruj sürmüş, pamuk ellerinde bej tonları oje vardı. Omuzlarını açıkta bırakan elbise, köprücük kemiklerini iyice belirginleştirirken üzerine oturan elbise vücut hatlarını gösteriyor, iştahım daha çok kabarıyordu. Kusursuz görünüyordu. Plak görünümlü hoparlörüme telefonum bağlıydı ve aklımıza her esen şarkıyı dinliyor ve eşlik ediyorduk. Sezen Aksu'dan **Hoş geldin** şarkısını dinlerken, dans etmiştik. Kıvrımlı belini tutarken, yanaklarına öpücükler konduruyordum. Köprücük kemiğine burnumu yaslıyor, boynundan öpüyordum. Zaman hızlıca ilerliyordu. Saatlerin geçmesini istemiyordum. Yavaşça koltuğa doğru ilerliyordum. Boynundan usulca yüzüne doğru gelmiştim. Teninin kokusunu içeme çekerek öpmeye devam ediyordum. Sezen Aksu şarkılarına devam ediyordu. Aşk sarhoşluğuna dalıveriyorduk. Sarhoşluğun etkisi bu gece bitecekti. Birlikte son gecemizdi. Bir kez daha, birbirimize ait olmuştuk. Kumral, sormayı bırakmıştı bende bu yüzden bir şey söylemiyordum. İkimizde halimizden memnunduk.

Özge Avcu

7. BÖLÜM
DERİN SESSİZLİK...

Annem, Ada'ya geleceğini söylemişti. Taşınma için bir Ada, bir Beşiktaş'a gidip geliyordum. Bir haftadır Melih'ten ses ses çıkmıyordu. Mesaj atmıyor, aramıyor ve sormuyordu. Aklımda sadece geçirdiğimiz üç gece vardı. Vapurdayken, yolda yürürken ansızın aklıma geliyor ve dalgınlaşarak gülümserken kendimi buluyordum. Beşiktaş'a giderken Melih'e mesaj atmıştım. Sabah saatlerinde attığım **"Napıyorsun"** mesajıma akşam saatlerinde cevap vermişti. Bir şeyler ters gidiyordu ve ben anlam veremiyordum. Sebepsizce aramıza mesafeler koymuştu. Epeydir hayatımda olan adam, bir anda ortadan kaybolmuştu. O geceyle ilgili huzursuz düşünceler sarmıştı her yanımı... Beni mi, beğenmemişti? Söylediğim bir söze mi, alınmıştı? Ev halimi mi beğenmemişti? Gündelik işlerle meşgul oluyorken arka planda nedensiz olan soğukluğu düşünüyordum. Olanların bir açıklaması olmalıydı. Melih'e soramıyordum. Sorduğumda geçiştireceğinin biliyordum. Yaşanan sessizlik beni tedirgin ediyordu.

İyice içime kapanmıştım. Neredeyse evden çıkmıyor, yapılacak işler olmasa hep evde oturacaktım. Eskisi gibi kemanda çalmıyordum. Bir anda tüm dünyaya küsmüştüm. Yaşadıklarımdan kimsenin haberi yoktu. Aileme ve özellikle anneme, bazı şeylerin ters gittiğini belli etmemeye çalışıyordum. Kimseyle konuşamazdım, kimseye olanları soramazdım. Ben bile aramızda tam olarak neler olduğunu anlamamışken başkasına soramazdım.

Ailemden birini asla soramazdım. Evi topla, eşyaları kolilere yerleştir derken boş vakitlerimde internetten cinsellik üzerine araştırmalar yapıyordum. Bir site üzerinde neler olduğu detaylı şekilde yazıyordu. Bunu yazıyı okuyunca ve geçirdiğimiz üç günü düşününce beynimde şimşekler çakmıştı. Melih'e göre, birliktelik yaşanmamıştı fazlasıyla dikkatliydi hatta kadınsal hastalığım olabileceğini söylemişti... Yazıya göre birlikte olmuştuk. İkilemin arasında daha fazla gidip gelemezdim. Belirsizliğe bir son vermeliydim. Özel bir hastaneye kadın doğum bölümüne muayeneye gitmiştim. Doktora durumu izah ettim, muayenenin yasak olduğunu ve bakamayacağını söylemişti, bende olanları özet geçerek ve çaresizliğimi görünce, **" tamam "** diyerek muayene yerine geçmemi istemişti. Tuhaf hissediyor ve alacağım cevaptan korkuyordum. Doktor, kadın olduğumu söyleyince aramızda olanları nasıl anlamadığımı düşünerek kendime kızıyordum.

Doktorun bana söylediklerinden sonra beynime kaynar sular dökülmüştü. Aramızda bir şeyler olmuştu ve Melih bunu bana söylememişti. Sorduğumda kadınsal hastalık olduğunu söylemişti. Neden böyle yapmıştı?

Hastaneden çıkınca durumu özetleyen mesaj atmıştım. Yine saatler sonra mesajıma cevap gelmişti. Birliktelik olduğunu mesajla söylemişti. Neden baştan söylemediğini sorunca, geçiştirmişti. Sonunda, birlikteliği kendisinin istemediğini benim istediğimi söyleyerek yaşananlardan hızla uzaklaşıyor adeta sorunu üstünden atıyordu. Mesajlarda beni konuşturarak kanıtlar topluyordu, sonran öğrendim. Şaşkınlığım gitgide artıyordu. En kısa sürede görüşmemiz gerektiğini, aramızda olanları ve sebepsiz uzaklığın nedenlerini soracaktım. **" Görüşelim"** demiyordu. Daha çok uzaklaşmaması için ısrar etmiyordum. Fakat bu şekilde gidemezdik. Oturup konuşmamız gerekiyordu. Aradan bir hafta daha geçmişti. Beynimi kemiren düşünceler gitgide, her hücremi teslim alıyordu. Günlük koşuşturmalar bitmiyorken kalbimde oluşuyor, üzerinde duran kaya parçası ağırlık yapıyordu. İnsanların içinde gülüyor, konuşuyor yaşamsal ihtiyaçlarımı karşılıyordum. Gündüz maske takıyor, gece maskemi çıkarıyordum. Sadece ben biliyordum. Ruhumdaki fırtınayı kimse göremiyordu. Çünkü görmelerine izin vermiyordum. Boşluktaydım. Elimde bir kahve, pencere önünde etrafı izliyordum. İzledikçe kalabalık tenhalaşıyordu. Ben bakınca gülen yüzler, somurtuyordu. Sevdiğim renkler kayboluyor, güller soluyordu, hiçbir şeyin tadı tuzu yoktu. Yaşayan bir cesetten farkım yoktu. Dünyanın tüm yükünü omuzlarımda taşıyordum. Günler geçiyordu, Melih'ten haber alamıyordum. Nadiren üç dört günde bir telefonda mesajlaşıyorduk. Aramızda olan her şey bitmişti ve biz uzatmaları oynuyorduk. Görüşme günü geldiğinde beni arayarak, acil bir işinin çıktığını görüşmeye gelemeyeceğini söylediğinde içimdeki canavar, sakinliğimi ele geçirmişti. Konuşmamız gerekenler vardı, soracağım sorular, beklediğim cevaplar, ne olduğunu anlamadığım uzaklığın bir nedeni olmalıydı, aramızda olanların, geçirdiğimiz senelerin hatırına açıklamayı hak ediyordum. Her şeyden önce ilk defa onun olmuştum. Haftalardır sakince bekliyordum. Buna bir son vermeliydi.

Acil işinin çıktığını duyduğumda, öfkeme yenik düşmüştüm. Bana bu kadar mı değer veriyordu, sorguluyordum. Bilerek görüşmek istemediğini, bir açıklama yapmadığını, birlikte olmamıza rağmen beni kandırıp kullandığını söyleyince beni sakinleştirmek yerine konuşmalarıyla daha çok sinirlendiriyordu. Birlikteliği benim istediğimi onun istemediğini, mesajların durduğunu ve bir şey olursa bunları kullanmaktan çekinmeyeceğini söylediğinde, canlı canlı mezara gömmüşlerdi, beni...

Telefonda söylediklerini ağlayarak dinliyordum. Bütün duygularım savaş halindeydi. Kontrol bende değil, Melih'deydi... Sözleriyle sakinleştirecek ve öfkelendirecek tek kişi oydu. Kalbimi paramparça ediyordu. Duyduklarımdan sonra elimde telefon, bahçedeki koltuğa doğru sendelemem ani olmuştu. Başım dönüyor, ellerim titriyor, nefesim kesiliyor, yaptıklarının karşısında midem bulanıyordu. Başından sonuna kadar yaşananlar film sahnesi gibi gözlerimin önünden geçiyordu. Bir yalanın içinde hapsolmuştum. Gökyüzünde uçtuğumu sanırken hayalden başka bir şey olmadığını anlayarak yere çakılmam beklentisiz olmuştu. Olanlar olmuştu. Geriye dönüşü olmayan sözler söylenilmiş, ayaklar altında ezilen kalbimin bir araya gelmesi mucize olurdu. Bugünden sonra herkesle ve kendi içsel savaşlarım başlamış oldu. Yaşamaktan soğumuştum. Hiçbir şey eski tadında değildi ve eski anlamları olmayacaktı. Kemanıma dahi küsmüştüm. Sandalyenin üzerinde duruyordu, göz ucuyla bakıp başımı çeviriyordum. Bildiğim tüm şarkıların notalarını unutmuştum. Cansız bir eşyadan farkım yoktu. Günler geçiyor ve kendimle olan savaşı kaybediyordum. Bunun sonu hiç iyi olmayacaktı. **"Bana, ne iyi gelir? "** sorusunu kendime sorma cesaretinde bulunmuştum.

Aldığım cevap ise, **"zamanı geriye al ve unut"** olmuştu. Zamanı geriye alamayacağıma göre bunun yerine başka ne yapabilirim sorusunu soruyordum. Başarabilirsem unutabilirdim. Hafızamın silinmesini istiyordum. Olanları ve kendimi bile unutmak istiyordum. Kimseye güvenmeyen ben, bana ihanet etmişti. Birine güvenmişti ve haddini aşarak âşık olup sevmişti. Kendimle olan arama başka birini sokmuştum. Aşk bu... Ne zaman geleceği belli olmayan, sevgiye evrilerek alışkanlığa dönen ve taraflardan birinin sıkılmasıyla kıymet verilmeyen bir duygu... Dinlediğim şarkıların sözleri umurumda değildi. Yarın güneş doğmuş, akşam olmuş derdim değildi. Eskisi gibi neşeli, keyifli ve huzurlu olarak unutmak istiyordum. Dinlediğimiz şarkılar çalma listesinde çıkınca istemsiz ağırlaşıyordum. Gözyaşlarım sözümü dinlemeden akıp gidiyordu. Kendimi iyileştirmeliydim. Bir rüya sona ermişti. Beklemediğim bir sonla her şey bitmeye yüz tutmuştu. Araştırmalar yapıyor, kitaplar okuyordum. Yeni keman notaları öğreniyor ve bir şarkıyı çalmaya başladıktan sonra hemen sıkılıyor ve kemanımı geri bırakıyordum. Herkese kırgındım. Kendime kızgındım. Gece olduğunda kalbimde olan ağırlıklar tüm bedenimi kaplıyordu. Gündüz uyuyan gece uyunan anılar yerinden fırlıyordu. Beni rahat bırakmıyorlardı. Kendimle nasıl başa çıkacağıma karar veremiyordum. Günler geliyor ve geçiyordu. Ağacın dalları gibi savruluyordum.

Yaşama sevincimi yeniden kazanmaya çalışırken bir yandan iyi olabilmeyi umut ederek sürekli düşünüyordum. Daha iyi olabilmek adına her şeyi denemeye hazırdım. Araştırmalarım devam ederken bir şeye rastlamıştım. Ataşehir'de klinikte ufak bir operasyonla eski halime dönmek... Bana iyi gelecekse denemeye razıydım. Büyük kararlar vermeden, uzun bir süre düşünmeli... En iyi haliyle ve en kötü senaryoyu düşünmeli ve öyle karar verilmeli... Kararımı vermiştim. Yapacaktım. Cesaretin ne ara geldiğini kestiremiyor olmasam da yapmalıydım. Depresyona çoktan girmiştim. Uyku ilaçları, antidepresanlar kullanmak yerine ruhuma iyi gelecek başka şeyler yapmalıydım. Klinikle görüştüm ve randevu oluşturdum. Birkaç gün aradan sonra kliniğe gitmek için yola koyulmuştum. Aklımdan geçenleri, hissettiğim duyguları şu an bile hatırlıyorum. Kendime acıyordum. Kendimi kullanılmış hissediyor ve kandırılmış hissediyordum. Bu kadar aptal nasıl olabilirdim? Kendimden vazgeçecek kadar başka birini nasıl sevebilirdim? Güvenmiştim lakin yine yanılmıştım. Sevmiştim ama duygularım, bana dair olan her şey kullanılmıştı. Kandırılmıştım. Melih'le olan senelerimin ve ona olan sevgimin özeti buydu... Onu sevmemi, ona karşı olan zaafımı kullanmıştı. Her yerim sızlıyordu, görünmese de kanıyordu. Kliniğe adım attığımda, kendimi sakinleştirmek istiyordum. İçimden telkinlerde bulunuyordum.

"İyi olacaksın" derken kalbim söylediğime inanmıyordu. Yine de pes etmiyordum. Operasyon yerine uzandığımda, çok korkuyordum. Yirmi dakika süren işlemden sonra hissettiğim acı ve çaresizlik, eve nasıl döneceğimi düşündürüyordu. Yaptığım şey, belki iyi gelecekti belki de pişmanlığım olacaktı...

Eve geldiğimde annem yoktu. Yatağıma uzanmıştım. Kendimi çok sıkmamın acısını alıyordu, gözyaşlarım... Ağrı kesici içerek uykuya dalmıştım. Annem bir ara yanıma geldi ve yemek yiyeceğimizi söylediğinde regl zamanım olduğunu ve karnımın çok ağrıdığını söylemiştim. Ara ara yanıma geliyor, çorba getiriyor, papatya çayları içiriyordu. Hastaneye gitmemiz gerektiğini söylemişti. Getirdiği ağrı kesiciyi içerek tekrar uyuyakalmıştım. Erken saatlerde annem uyandırmıştı. Beşiktaş'taki evimizde tüm eşyalar toplanmıştı. Ada'ya giden eşyalar gitmişti ve evimizi de kiraya vermiştik. Üç dört gün kalacak ve sonra tamamen Ada'ya taşınacaktık. Taşınmak için epey uğraşlar vermiş olsam da Melih'le olan ilişkimizin bu raddeye geleceğini hiç düşünmemiştim. Ada'ya taşınma kararımızdan artık geri dönemezdim.

Artık Ada'ya resmen taşınmıştık. Zaman geçtikten sonra tanıdığımız komşular ziyarete geliyordu. Beklemediğim bir sabah Melih'in annesi annemle birlikte bahçede kahve içiyordu. Annesini gördüğümde elim ayağım birbirine dolanmaya başlamıştı. Annemle aralarında konuşmuşlar ve beni oğluna yani Melih'le yakıştırıyordu. Melih ismini duyduğumda kalbimin ritimleri bozuluyordu. Korku ve panik hali etrafımı kaplıyordu. Konuyu yanımda açmışlardı. Annem gönül işlerime bu zamana kadar karışmamıştı ama Melih'lerin ailesini severdi. Sevdiğim birinin olduğunu söyleyerek, masada biraz oturduktan sonra dışarı çıkmıştım. Ada'da kaçıp saklanabileceğim gizli bir sığınağım yoktu. Yürüyüş alanına, müzik dinleyerek gidiyordum. Yanımdan insanlar geçiyor, köpeklerini gezdiriyor, koşu yapıyor ve ben hiçbirine dönüp bakmıyordum. Kimsenin dönüp selam vermesini, benimle konuşmasını istemiyordum. Elimde olsa kendimi görünmez yapacaktım. Park alanına geldiğimde, Melih'in arkadaşı Mehmet'i görmüştüm. Mehmet oradaysa Melih'te orada olmalıydı… Koşar adım kaçıp gitmek istemiştim. Rum yetimhanesine doğru yönümü değiştirdim. Eve geldiğimde her akşam olduğu gibi yine ağlayarak uyuyordum. Annem işe girmem için çevreye haber gönderiyor, yapabileceğim ne iş varsa araştırıyordu. Konuşmasak da iyi olmadığımın farkındaydı ama buraya taşındığımız için olduğunu sanıyordu.

Kemanıma daha çok sarılmıştım. Yeni şarkıların notalarını öğrenmek, sevdiğim şarkıları çalmak zihnime iyi geliyordu. Uyandığımda ilk işim kemanımı alarak şarkılar çalıyor ve kahvaltıya öyle iniyordum. Bir gün annemle bahçe keyfi yaparken birinin seslendiğini duymuştuk. Annem kapıyı açarken keman çalmaya devam ediyordum. Seneler önce izlediğim, Ege kasabasındaki Kurtuluş Savaşı yıllarında Cumhuriyet'in ilan edilişini anlatan ve içinde imkânsız aşk hikâyesi olan, Kırık Kanatlar dizisinin jenerik müziğini çalıyordum. Şu sıralar bu parçayı çok seviyordum. Duygularıma benzetiyordum. Hissettiklerimi anlatıyordu. Hem umut barındırıyor hem de imkânsızlığı anlatıyordu. Duygularımın bana olan yabancılığını, yaşamaktan vazgeçmiş halini anlatıyordu. Güzel duyguların hepsi karanlığa hapsedilmiş gibiydi... Kapı eşiğinde ve aylar sonra Melih karşımda duruyordu. Annem içeri davet ediyordu, annesi gelmeye heveslikyen Melih sadece bana bakıyordu. Gözlerimi ondan hemen kaçırmıştım. Gözlerimi kapatarak onu görmemeye çalışıyor ve keman çalmaya devam ediyordum. Neyse ki, oda gelmemişti. Arkadaşlarıyla hep buluştukları yere gideceğini, söylemişti. Bu kadar zamandan sonra ilk defa nerede ve kimlerle olacağını öğrenmiştim. Şarkı bittiğinde annesine iyi akşamlar dileyerek, inzivaya çekilmiştim. Hiçbir şey düşünmeden boş boş, denizi izliyordum. Manzara izlemeyi severdim. Hiç kimsem yoktu. Yetim kalmış sahipsizliğimin tarifi yoktu. En çok da kendimle olan savaşım bitmek bilmiyordu. En büyük zaafım oydu... Her şeye rağmen her gördüğümde ona yeniliyordum. Teslim oluyordum. Kendime kızıyordum. Neler söylediğini hatırlayarak kendimi soğutma çabalarım, sevgimin karşısında eğiliyordu. Diz çöküyordu, duygularım... Kalabalıklar içinde git gide yalnızlaşıyordum. Hakkımda ne düşündükleri ne söyledikleri umursamıyordum. Kendimi gereksiz samimiyetlere, sahte gülüşmelere, boş sohbetlere, birbirlerini sevmeyen arkasından atıp tutan ama aynı ortamda denk geldiklerinde gerçek olmayan yakınlıklarından uzaktım fakat şimdi daha da uzaktım. Her şey bana, film sahnelerini ve tiyatro kurgularını andırıyordu. İnsanların birbirlerine sahte içtenlikleri benim için tiyatro sahnesiydi. Sahte ve gereksizdi... Anneme bir mektup bırakarak, çok defa ölmeyi çok istemiştim. Tüm acılarıma son verecek şeyleri düşünüyordum. Aklıma geliyor düşünüyor duruyordum.

Öldüğümde duygularımda yok olacaktı, çektiğim acılarda son bulacaktı. Cenneti yâda cehennemi düşünmüyordum bile... Büyük aşkım çoktan en büyük günahım olmuştu... Canıma kıydığım için cehenneme gitsem ne olacaktı ki? Burada yanan bedenim öbür dünyada gerçekten yanacaktı... İnsanın dili lal olunca içi yanıyormuş... Yanıyordum. Hislerimde yangına benzin dökmekten başka bir şey yapmıyordu. Bitmeliydi... Sevdam da savaşım da bitmeliydi... Melih'in yaptıklarıyla, çoktan ölmüştüm.

8. BÖLÜM
SAATİ SAATİME, DENK DÜŞÜYOR...

Annemle babam Ada'ya gelmişlerdi. Annem her şeyi en ince ayrıntısına kadar anlatıyordu. Akşam yemeğinden sonra Mehmet aramıştı. Turistlik oteller yoğun olduğunda, bazı günler restoranlar canlı müzik organize ediyordu. Gençlerle Mehmet oraya gidecekti. Israrla beni çağırıyordu. Epeydir onlarla görüşmüyordum. Kumral ara sıra aklıma geliyordu. Artık Ada'da yaşıyorlardı. Sürekli göreceğimin, sokaklarda, marketlerde denk geleceğimin farkındaydım. Birlikte olduktan sonra fazlasıyla uzaklaşmıştım. İstediğini alana kadar peşinde pervane olan istediğini aldıktan sonra kaçan erkek olarak görüyordu beni ve haksız sayılmazdı. Çünkü öyle yapmıştım. Soğudum mu? Sihir mi bozuldu? Sevmiyor muydum? Yâda Kumral ne durumda? Düşünmek istemiyordum. Aklıma geldiğindeyse kendime uğraşlar buluyordum. Aylar sonra evlerinin bahçesinde Kumral'ı gördüğümde hiçbir şey hissetmemiştim. Aramızda hiçbir şey olmamış ve yabancı birini ilk defa görüyor gibiydim...

Restoranda gittiğimizde sahnede müzisyen vardı. Mehmet her zamanki masayı, alkol ve mezelerle donatmıştı. Bu geceki, alkol rakıydı. Sohbet ediyor, çalan şarkıya eşlik ediyor, çokça gülüyorduk. Bu sırada tüm sorunları unutmuş gibiydim... İlerleyen saatler de çakır keyif olmuştum... Restorandın kapısında Kumral belirdi. Saçlarını atkuyruğu yapmış, orta boy fıstık yeşili elbisenin altına krem tonlarında az topuklu açık ayakkabı giymişti.

Uzaktan incelemeye çalışıyordum. Kırmızı ojeleri, belirgin dudaklarındaki kırmızı rujuyla uyum içindeydi. Arkasından biri geliyordu. 1.80 boylarında beyaz tenli, siyah bol pantolonlu siyah gömlekli, yabancılara benzeyen kare yüz hatlarıyla loş ışıklarda bir adam görünüyordu. Kumral yürürken sağ omuzunu tutuyordu. Kumral'ın tenine dokunuyordu. Beynimde şimşekler çakıyor, kafasında şişe patlatmak istiyordum. Kumral'a benden başka bir erkek dokunamazdı. Cam kenarı masada oturuyorlardı, keyifleri yerindeydi ve Kumral gerçekten mutlu görünüyordu. Son konuşmamızdan sonra onu bu şekilde göreceğimi tahmin etmemiştim. Gülüşünden etkilenmeye devam ediyordum. Şarkılara eşlik ediyorlar, telefondan birbirlerine resim gösteriyorlar, kahkalar atıyorlardı. Slow bir müzik çalıyordu ve çocuk Kumral'ı dansa kaldırmaya çalışıyordu. Kumral, naif tavırlarıyla **"hayır"** diyordu dans etmek istemiyordu. Adam sandalyeden kalkarak Kumral'ın yanına oturmuştu, kesin hoşlanıyordu. Kur yapıyor ve flört etmeye çalışıyordu.

Arkadaşlara bir şey demeden aniden masadan kalkarak, onların masasına doğru yürümeye başladım. Kumral beni görmüştü ama bakıp kafasını çevirmişti. Rahatsız olmuştum, hiç tanımıyor gibi davranıyordu. Masalarına doğru yaklaşırken Kumral, bana bakıyor kafasını çeviriyordu. Masalarına oturacağımı tahmin etmiyordu. Adamın yanına sandalyeye oturduğumda tatsız surat ifadesini gizlemeye çalışırken bana bakıyordu...

- İyi akşamlar.

- İyi akşamlar.

Kumral & Esmer

Dediler ve Kumral, bakışlarıyla her şeyi anlatırdı. Bakışları insanı hedef alıyor ve tam on ikiden vuruyor ve kendi duygularını gösteriyordu.

- Melih, ben. Kumral'ın arkadaşıyım.

Kumral, ne yaptığıma anlam vermeye çalışırken, adam...

- Bende Bora. Memnum oldum.

Kumral, konuşmuyor ve sadece bizi dinliyordu. Adamın, kim olduğunu söylememişti... Kumral, bana bakarak konuşmaya hazırlanıyordu.

- Neden geldiniz?
- Uzun zaman oldu, seni görünce selam vermek ve genç adamla tanışmak istedim.

Biz konuşmaya devam edecekken, Bora, araya girdi.

- Burada mı, yaşıyorsunuz?
- Doğma büyüme Ada'lıyım.
- Siz nerede oturuyorsunuz? Ne işle meşgulsünüz?
- Amerika'da yaşıyorum. Askerim.
- Kumral'ın neyi oluyorsunuz?

Gülümseyerek önce Kumral'a sonra bana bakarak...

- Bunun önemi var mı?

Şaşkınlığımı gizleyememiştim...

- Kumral'ı epeydir tanırım. Sizden hiç bahsetmemişti...
- Bilmenize gerek yoktur.

Verdiği cevap karşısında, sinirimi gizleyerek bir süre masada oturdum. Kumral'ı izliyordum.

- Kumral, sen nasılsın? Evi yerleştirdiniz mi?
- Evet, tamamen yerleştik.
- Annen nasıl?
- İyi çok şükür, her şey yolunda...
- Sevindim her şeyin yolunda olmasına...
- Olmaması için hiçbir neden yok.

Kumral'ın soğuk tavırları karşısında neye uğradığımı şaşırmıştım. Bora, aramızda bir şeyler olduğunun farkındaydı. Gerilen havayı değiştirmek için beni masaya davet etti belki de nezaketen yapmıştı. Arkadaşlarımla kalabalık olduğumuzu çakır keyif olduklarını ve birazdan kalkacağımızı söylemiştim. Kumral'dan gözümü alamıyordum. Her gördüğümde endamına, aurasına istemsiz çekiliyordum. Sarılmak istiyordum. Kokusunu içime çekmek, saçlarını öpmek istiyordum. Avuç içlerine öpücükler kondurmak istiyordum. Yanına oturup, sarılmamak için kendimi zor tutuyordum. **"İyi eğlenceler"** diyerek arkadaşlarımın masasına geri dönmüştüm. Kumral'ın tam karşısındaki sandalyeye oturmuştum. Eğlenirken sürekli onu izliyordum. Gözümü ondan alamıyordum. Bora'nın Kumral'ın koluna dokunduğunu görünce çileden çıkıyordum. Masadan yanlarına fırlayarak Bora'yı pataklamak istiyordum. Sonradan öğrendim ki, halasının oğluymuş. Evime geldiğimde, Kumral'ı düşündüğümü fark etmiştim. Yatağımda uzanırken, onu düşünüyordum.

Kumral & Esmer

Kumral'a ilk tanıştığımız gecede çalan şarkı, kulaklarımda çınlıyordu. Pencerenin önünde duruşunu izliyordum. Karanlığın içinden parıldayarak gelen yürüyüşü aklımı başımdan alırken, geçirdiğimiz üç gecenin tadı damağıma hoş tat bırakıyordu. Beraber olduğumuz an, gözlerimin önüne geldiğinde karnımda garip bir his oluşuyordu. Anı anına izliyordum. Mutfak katında pencere önündeki yemek masasında karşılıklı oturuyorduk. Birbirimize bakıyor ama konuşmuyorduk. Kumral'ın üzerinde beyaz, kolları uzun elbise vardı. Sırtını örten uzun saçları, kısacıktı. Tam önünde duran bıçağa bakıyor ve keskin bakışları, beni hedef alıyordu. Üzerimde beyaz gömlek vardı. Gömleğin yakası yırtık, düğmeleri eksik, her yeri leke içindeydi. Kumral'dan gözlerimi ayırmıyordum. Yanına giymek için ayağa kalktığımda, eline bıçağı alarak bana doğrultuyordu. Sert bakan bakışları karşısında nutkum tutulmuştu. Bana neden böyle yapıyordu? Gözlerimi açtığımda, kan ter içinde kalmıştım. Sabah ezanı okunuyordu. Tüylerim diken diken olmuştu. Bir bardak su içerek, odama yürüyordum. Adanın sabah serinliği pencerenin arasından içeri vuruyordu. Martı seslerine ve vapur seslerine aldırış etmeden tekrar uykuya dalmıştım.

Özge Avcu

9. BÖLÜM
AYLAR SONRA...

Dün akşam Melih'i gördüğümde içimi buruk bir his kaplamıştı. Aylar sonra, karşılıklı oturmanın verdiği duygu geçen günlere meydan okuyordu. Aynı görünüyordu. Mutlu ve umursamazdı... Çoğu zaman, beni sevmediğini düşüyordum. Melih'te öyle davranıyordu. Aramıza koyduğu saçma sapan soğuklukla, ciğerimden vuran son sözleri, aklımdan çıkmak bilmiyordu. Ömrümün sonuna kadar unutmayacaktım. O benim ilkimdi. Eskiden böyle bir şey yaşayanlar kimseye duyurmadan evlenirdi. Aileleri istemese dahi bir yolunu bulur ve erkek kızı yüzüstü bırakmazdı. Büyüklerimizin dönemi, bizim dönemimizden çok başkaydı. O zamanlar yaşamış sonra kaybolmuş ve 21.yüzyılda tekrar geri dönmüş gibiydim... Bu çağa yabancı kalıyordum. Eskiden insanlar samimi ve içtendi. Erkekler delikanlı, kadınlar dışarıya karşı erkek gibi evin içinde hanımlardı. Bu çağ değişik bir çağ... Herkes oyuncu olmuş... Aşığım, seviyorum rolleri yapıyorlar, delikanlıyım diye geçiniyorlardı, kızlar yalan söylüyor, kadınlar birbirlerine destek olacağına daha çok birbirlerine düşman oluyorlar...

Kalabalıklar içinde, biraz uzakta duruyordum. Konuşanları dinliyor, farklı fikirler duyuyor, beden dillerini inceliyor, insan psikolojisini ve nedensiz olmayan davranışlarını anlamaya çalışıyordum. Benimle konuşmadıklarında konuşmazdım. Aynı yerde dönüp yüzüme bakıyor, selam vermeden gülümsemeden kafasını çeviren biri yâda birileriyle, neden iletişim kurmaya çalışayım ki... Gereksiz ego kasan kişilere değerli sözlerimi, neden israf

[57]

edeyim ki? Girdiğim her ortamda insanlar bana mesafeli ve temkinli yaklaşıyordu. Böyle olmasına neden olacak duruşa sahiptim. Kendimde beğendiğim en güzel özelliğim buydu. Gereksiz samimiyetleri sevemiyordum. Zamanla oluşan, gerçek ve samimi bağlara inanıyordum. İçine kapanıklığım ve dünyaya yabancı oluşum Melih'ten sonra daha çok artmaya başlamıştım. Kimseye güvenmemem gerektiğini bir kez daha öğretmiştim. Daha önceleri insanlarla rahat iletişim kuruyor, kaynaşıyorken şimdiyse tedbirli yaklaşıyordum. Aileme, param ve özel hayatıma dair hiçbir konuyu kimseyle paylaşmıyordum. Kardeşlerimin dışında liseden, üniversiteden ve geçici çalıştığım iş yerlerinden üç dört arkadaşım vardı, onlarda bana yetiyordu. İnsanlar benimle ilk tanıştıklarında soğuk, mesafeli, egolu ve kibirli, kendinden emin bir duruşum olduğunu söylerlerdi.

Oysaki bende ego, kendime yetecek kadar vardı. Her insanda ego vardır. Egoyu çok abartır ve gösterirsen hakkında burnu havada denilmesi doğaldır. Ego kişinin kendi gelişimiyle hedefleri için aslında yararlıdır. Ben bunu çok iyi kullanabiliyordum. Kendilerini Kaf dağında gören çok insan tanımıştım. Dünyada bir dikili ağacı olmayan, bu yaşa kadar kendini geliştirememiş, bütün uğraşı yemek yemek, gezmek, eğlenmek, clup ortamları, kızlar – kadınlar, erkekler, kısaca dünyevi uğraşlar olan zihinleri boş, karakterleri sıfır insanlar... Aynı ortamdayken gereksiz yere kıskançlık yaratan, sebepsizce çekememe uğraşlarına giren kadınlar... Kendi halimde günleri geçiriyorken, kimseye bir kötülüğüm dokunmuyordu. Yine de çekemeyen çok kişi oluyordu. Benimle uğraşan ve canımı çık sıkan kişilere, karşılık vermekten de çekinmiyordum.

Özge Avcu

Uzun uğraşlarımdan sonra Ada'daki okulda müzik öğretmeni olarak görev almaya başlamıştım. Öğrencilerle yakından ilgileniyordum. Kendimi müziğe ve eğitime adayarak kendimi iyileştirmeye çalışıyordum. Bununla birlikte yaptığım her işe tutkuyla bağlıydım. Diğer öğretmenlerle toplantı odasında otururken yâda okul etkinliklerinde selamlaşıyor, samimiyetine inandığım kişilerle konuşuyordum. Bir adım gerisinde duruyordum. Gerçekten sevdiğim kişilerin yanında, hep olduğum kişi oluyordum. Geri kalanlara ise soğuk görünüyordum. Sadece gözlemliyordum. Kendini ön plana çıkarmaya çalışanlara hayret ediyordum. Gülümsemekten ve birkaç cümle kurmaktan, öteye geçmiyordum. Onlar tarafından sevilmek, sevilmemek, yadırganmak, uzak ve sessiz görünmek yâda kendi aralarında hakkımda konuştukları, benim hakkımda aklından geçenleri hiçbiri umurumda bile değildi. İstemediği halde dikkat çeken, kendini geliştirmek için çabalayan, ilgi alanları ve birkaç mesleği bir arada yapmaya çalışan kendi uğraşlarıyla parlayan biri olduğum için, sevilmiyordum. Ben onları anlayamıyordum, onlarda beni anlayamıyordu. Hâlbuki kanımın ısındığı kişilere cana yakındım. Herkesle samimi olmamak günümüzde eleştirilse de sınırları olan kişilerin buna önem verdiğini biliyorum. Birinin yürüyüşü, bakışı ve duruşu aslında insana çok şey anlatıyor. Sanırım bunu hep yaşayacaktım. Nedenini bilmediğim şekilde kadınlar bana düşman oluyordu. Kimseye bir zararım olmasa bile... Kendilerine rakip görüyorlar, fiziğimi kıskanıyorlar, işlerimde başarılı olmamı ve kendime önem vermemi ego olarak sanıyorlardı. Çoktan alışmıştım, herkes beni farklı görüyordu. Her zamanda iki üç adım önde olacaktım.

Kumral & Esmer

Dünya telaşları arasında, bunca derdin arasına bir de aşk acısı **"ben buradayım"** diyordu. Kimseye göstermeden ağlamayı öğrenmiştim. İyi olabilmek için her şeyi denerken her tedavi beni komaya sokmuştu. Sadece iyi hissetmek istiyordum. Yaşadığım aşk acısı depresyon yâda tükenmişlik sendromu, her ne yaşıyorsam bir an önce kurtulmam gerekiyordu. Güçlü bir yapım ve yaşadıklarım beni daha çok güçlendiriyordu. Aşka ve Melih'e yenilmiştim. Melih'in ardında bıraktığı enkaz yıkıntılarını temizledikten sonra çelikten zırhlar kuşanmıştım. Onu her gördüğümde güçlü ve umursamaz durmaya çalışıyordum. Duygularımı kontrol etmeyi öğrenmiştim fakat yüz ifademe çözümüm olmayacaktı.

Bir konuşmamızda Melih bana, şunları söylemişti...

- Kendi iç sesinle, konuştuğunu düşünüyorum. Ya da duygularınla... Konuşmaya başladığında, sessizleşiyorsun ve sanki konu konuyu açıyor gibi... Uzaklaşıyorsun. Derken ikinizin de ikna olamayacağı ve sonuca varmayacağı hararetli bir tartışma başlıyor. Kendi içine, taş atıyor ve suyu bulandırıyorsun. Yenilgilerden sonra insan kendi kıyısına çekilmesindeki huzur gibi orada huzurlu oluyorsun. Herkesten çok farklısın ve bambaşkasın.

Ümit Yaşar Oğuzcan'ın dediği gibi;
Bir seni olduğun gibi,
Bir seni her şeye rağmen,
Bir seni hala.

İkimizin şiiri olsun.

Özge Avcu

10. BÖLÜM
HİÇLİK...

Sabah uyandığımda içimde bir huzursuzluk vardı. Sebepsiz oluşan gerginliği önemsemeden annem ve babamla kahvaltı yapıyorduk. Bizimkiler rutin konuşmalarını yapıyor ve her gün oldukları gibilerdi. Israrla biri beni arıyordu. Annemin ısrarıyla telefonu açtım. Gür ve enerjik bir sesle, İsmail abi konuşuyordu. Mehmet'ler onun bahçesinde toplanacakmış, epeydir ortalıklarda görünmediğim için beni merak etmiş ve akşam beni davet ediyordu. Yorgun olduğumu, gelemeyeceğimi söylesem de ısrar ediyordu. Akşam gençlere anlatacağı konunun çok güzel olduğunu söylüyordu. Kıramadım ve kabul etmiştim. Evde volta atar gibi bir o yana bir bu yana dolanıyordum. Denize giderek biraz yüzmek istemiştim. Beni sokaklarda tek gören esnaflar tayfamı soruyordu. Beni tek görenler şaşırıyordu. Tek dolaşmazdım ve mutlaka Mehmet yanımda olurdu. Beach'e gittiğimde plaj sahibinin oğlu, beni görünce locaya davet etmişti. Locada laflıyor, alkol içiyorduk. Ben ve alkol... Görünce tanıyanlar tuhaf bakışlar atıyordu. Şezlongların oraya geçerek sohbete devam ediyorduk.

Korku dolu sesle denizden birinin, **"Kumral"** diyerek çığlıklar attığını duymuştum. Telaşla ayağa kalkarak cebimde neler varsa şezlonga boşaltmıştım. Mert'in şaşkın bakışlarını aldırış etmiyordum. **"Cankurtaran gidiyor, dur"** demesine aldırış etmiyordum. Onu kaybediyordum. Kumral'ı görüyordum. Yanında kız boğuluyordu ve Kumral onu kurtarmaya çalışıyordu. Kız panikle

Kumral & Esmer

Kumral'ı tutmaya çalışırken onu aşağı çekiyordu. Astımı vardı ve fazla kalamazdı. Boğulmasa bile nefes darlığından boğulması an meselesiydi. Yanlarında gidince boğulan kızı kurtarmaya çalışmadım. Kumral'dı benim derdim... Kızın onu tutmasından kurtardım ve suyun içinde kucağıma alarak suyun üstünde uzanmasını sağlamıştım. Cankurtaranda boğulan kızı kurtarmıştı. Kumral, afallamış şekilde **"bırak beni"** diyordu. Kıyıya gidene kadar bırakmayacağımı söyleyerek debelenmesini önlemeye çalışıyordum. **"Ben kendim giderim, sana ihtiyacım yok."** Diyerek benimle inatlaşıyordu. İnatlaşmasını da içten içe severdim. Kıyıya geldiğimizde bir hışımla kucağımdan inmişti. Bikinisini düzeltiyordu. Plajda olan herkes yanımıza gelmişti. İyi olduğunu söyleyerek delici ve sinirli bakışlar atarak, bakıyordu...

- İndir diyorum, neden indirmiyorsun?

Ses tonundan gerçekten çok sinirlendiğini anlamıştım.

- Boğulacaktın.
- Ben boğulmuyordum, Kübra'yı kurtarıyordum.
- Uzaktan hiç öyle görünmüyordu.
- Seni ilgilendirmiyor, nasıl göründüğü...
- Gelemeyecektin. Seni aşağı çekiyordu, gelmeseydim Kübra kurtulacaktı ama sen boğulacaktın.
- BOĞULMAYACAKTIM!
- ASTIMIN VAR.

Seslerimiz çok yükselmişti. Astımının olduğunu söyleyince bir anlık sessizlik oluşmuştu. Birazcık da olsa yumuşadığını düşünüyordum. Kendini toparlayarak...

- Bir daha bana sakın yaklaşma! Ölüyor olduğumu görsen bile bana dokunma! Öldüğümü görsen bile dokunma!

Söyledikleri çok netti ve keskindi, o an bu kadar ne yapmış olabilirimi sorgulamaya başlamıştım.

Kaçar adımlarla uzaklaşmıştı yanımdan... Kübra'yla birlikte eşyalarını toparlayarak plajdan gitmişti. Ardından bakmakla yetinmiştim. Bir süre oturduktan sonra eve gitmiştim. Kumral'ın verdiği tepkinin, nedenini anlayamıyordum. Sert davranıyor ve beni hiç umursamıyordu. Tamamen yok sayıyordu. Deliler gibi sevdiğine aniden nasıl buz kesilir?

Mehmet eve gelmişti. Annemle babamla birlikte çay içiyorlardı. Aşağı indiğimde hepsi bana bakarak gülümsüyordu. Ama benim hiç keyfim yoktu. İsmail abiye söz vermemiş olsaydım evden çıkmazdım. Gittiğimizde sofra hazırdı, bizde alkolleri almıştık. Her ne kadar alkolü sevmeyip kullanmasa da gençlerin dozunda içmesine ayak uyduruyordu. Şu sıralar bana iyi olmadığımı söylüyorlardı. Bir şeyim olmadığını, her şeyin yolunda olduğunu söyleyerek geçiştiriyordum. İsmail abinin gençlere anlatacağı konu; aşk ve hiçlikmiş... Hiçlik konusuna geldiğinde, tasavvufta hiçliği anlatıyordu. Kişinin kendi egosundan, kibrinden, kötü huylarından arınarak hiçlik, yokluğa ruhun ulaşması ve idrak seviyesine ulaşmasıymış. İnsanın kendi içinde kendine yaptığı yolculukmuş. Mevlana'nın meşhur sözlerini söylüyordu.

" Bu dünyada herkes bir şey olmaya çalışırken, sen hiç ol.

Kumral & Esmer

Menzilin yokluk olsun. İnsanın çömlekten farkı olmamalı...

Çömleği tutan dışındaki biçim değil, içindeki boşluk ise, insanı ayakta tutan da zannı değil, hiçlik bilincidir. "

" Sözün kıymetini, –lal- olandan...
Ekmeğin kıymetini, -aç- olandan...
Aşkın kıymetini, -hiç- olandan öğren... "

Şems'in sözlerinden devam etmişti. Konu aşka gelmişti ve masada herkes susmuştu. Şairlerin, ressamların, bilim insanlarının aşka dair bakış açılarını anlatıyordu. **" Aşk nedir? "** diye sorduğunda...

- Geçici bir duygudur.

Dedim ve İsmail abinin bana olan bakışına anlam veremedim...

- Kim âşık olmuşsa, kendisinin eksik parçalarını arıyordur. Bu yüzden âşık, maşukunu düşündükçe acı çeker. Bu tıpkı, uzun zamandır görmediğin birinin odasına girdiğinde bulduğun anılar gibidir. Tarif etmiş; Haruki Murakami, Japon yazar...

Nutkum tutulmuştu. Masada kimse konuşmuyordu. Viskimi yudumluyorken Mehmet bile düşünmeye başlamıştı.

Özge Avcu

11. BÖLÜM
ORTAYA ÇIKIYOR...

Sabahın erken saatlerinde annem uyandırmıştı. Kübra'nın düğünü vardı. Hafta sonuna denk gelmesine sevinemiyordum. Eski neşem hala yerine gelmemişti ve ben kendimi toparlayamamıştım. Ada'ya tekrar taşınmaya lanet ediyordum. Melih'leyken harikaydı, biz ayrıyken sadece cehennemdi. Ara onunla karşılaşıyor, aynı yerlerde denk geliyorduk. Şehir, zaman ve anılar unutmama fırsat vermiyordu. Yanlış bir zamanda taşınmıştık. Tekrar Beşiktaş'a nasıl taşınabiliriz? Sürekli bunları düşünüyordum. Heybeliada'ya düğüne gittiğimizde, Melih ve ailesi de oradaydı. Son günlerde duygularıma göre kıyafet renkleri seçiyordum. Bu akşam siyahı seçmiştim. Benim gibi alacakaranlıktı... Karanlıklarım bitmek bilmiyordu... Işığımla bildiğim her şey ise, karanlıklarım tarafından öğrenmiştim. Kır düğünü konseptini nostaljiyle birleştirmişlerdi... Çok güzel görünüyordu. Melih'ler çapraz masamızda oturuyordu. Annesi masa gelmişti ve bizimle oturmak istemişti. Masada biraz oturduktan sonra Ester'lerin masasına oturmuştum. Düğünden gidene kadar burada oturmak için bahaneler arıyordum. Gelin ve damat sahnedeydi. Orkestra eğlenceli şarkılar çalıyor, pistte çocuklar kaçışıyordu. Herkesin keyfi yerindeydi. Melih arkadaşlarıyla oturuyordu. Ara sıra göz göze geliyorduk, hemen kafamı çeviriyordum. Bizim masaya doğru geldiğini gördüğümde, kalkıp gidemezdim, herkes tarafından anlaşılırdı. Belli etmemeye çalışırken daha çok dikkat çekerdim. Eleanor ablayla selamlaştı, Ester'le tokalaştı, sıra bana geldiğinde gülümseyerek kafamı sallayarak, tokalaşmasını engellemiştim. Herkese bakarak...

- Üç güzel bayan, harika görünüyorsunuz. Ester dans eder miyiz?
- Mehmet'le dans edeceğim...
- Oouu! Mehmet beyle dans, hmm, iyi bakalım...
- Kumral'la dans edebilirsiniz...
- Yabancılarla dans etmiyorum.

Beni yok saymayı o kadar iyi başarıyordu ki, öfkeleniyordum.

- Ben yabancı mıyım?
- Benim için öylesiniz.
- Annemle, Leyla abla sürekli görüşüyorlar.
- Evet ama cevabımı değiştirmiyor.
- Kumral! Seninle bu akşam dans etmek istiyorum.
- Ben istemiyorum, teşekkür ederim.

Ters davrandığında öfkeleniyordum. Dudağına yapışıp öpme isteğim oluşuyordu. Israr edecektim, benimle dans edecekti... Mikrofonu alan Ali Bey, gelen misafirlere konuşma yapıyordu. Konuşması bittiğinde, dans etmemiz için ısrarlarıma devam edecektim. Tamam demezse kolundan tutup zorla piste çıkaracaktım ve oda anlaşılmaması için gülümseyerek dans etmek zorunda kalacaktı. Ali bey, sahneden birine sesleniyordu...

- Çok uzatmadan, kızım Kumral'ı sahneye davet ediyorum.

Herkes alkışlıyor, ıslık çalıyor bende şok içinde anlamaya çalışıyordum. Neler oluyordu? Kumral, Ali beyin kızı mıydı? Annem ve babam bilmiyor muydu? Ve neden bana söylemişlerdi? Kumral'lar Ada'ya taşındığından beri, tanıdığım kimseden böyle bir şey duymamıştım. Şaşkınlıkla ve tepkisiz, Leyla ablaya bakıyordum. Galiba çok eskiler bu durumu biliyor, annemle babamda da dâhil, bütün Ada'lılar bu durum hakkında konuşmuyor, konusunu dahi açmıyordu. Burada doğup büyümüştüm, şimdiye kadar bilmemem çok anormaldi... Kumral'da hiç söylememişti. Birlikte olduğum kadının, böyle bir konuyu benden saklamasına hayret ediyordum. Neden sakladığını çözemiyordum.

Kübra, Kumral'ın yanına sahneye geçmişti. Aylar sonra Kumral'ın bahçesine gittiğimizde çaldığı parçayı yine çalıyordu. **Kırık Kanatlar...**
Parça bittiğinde birbirlerine sarıldılar. Ali bey önce Kumral'a sarıldı, sonra Kübra'ya...

Korku filmi izler gibi izliyordum. Annemle babamın yanına gittiğimde olanları sormuştum. Seneler önce Ali beyin ve Leyla abla evliymiş... Kumral, on iki yaşındayken ayrılmışlar. Ali bey adada yaşamaya devam etmiş. Kumral, annesi ve kardeşi Beşiktaş'a taşınmışlar. Ayrıldıktan Ali Bey, buradan bir kadınla evlenmiş. Kübra Kumral'ın başka anneden öz kardeşiymiş. Ali beyin Ada'daki ağırlığından kimse eskiye dair şeyler konuşmazmış. Hatta ikinci karısıyla evliyken, esnaflardan biri Leyla ablayı sorduğunda adamı iskeleye götürerek ulu orta hastanelik edene kadar dövmüş... Adamı Ali beyin elinden kimse kurtarmaya çalışmamış, olacakları biliyorlarmış... Ali Bey denildiğinde, saygıda kusur edilmezdi. Böylesine ağırlığı varken, saygı görürken aynı zamanda çok da eğlenceli biriydi... İki farklı çizgiyi nasıl koruduğunu anlayamıyor olsam da takdir ediyordum.

12. BÖLÜM
SEN VE BEN...

Aylar sonra Melih bana mesaj atmıştı. Ali beyin kızı olduğumu söylememe nedenlerini sorguluyordu. Bilse bu kadar hüzün yaşatmayacakmış gibi... Yine yapardı. Bir an dahi olsa beni hiç sevmemişti. Kabuk bağlayan yaralarımı biliyordu ama ilk onları hedef almıştı. Seven insan, sevdiğine kıyabilir mi? Canını yakacağını bildiği şeyleri yapar mı? Yapmaz, kıyamazdı. Melih bana çoktan kıymıştı. Her zaman olduğumdan daha güçlü olmak zorundaydım. Ada'nın eskileri bilseler de gençler ve sonradan taşınanlar bilmiyordu. Babamın buradaki konumundan bütün gözler üzerimde olacaktı. Oğlu bekâr olan ablalar, ilk taşındığımızdan bu yana çoktan annemle düşüncelerini paylaşmıştı. Annem bana hepsini anlatıyordu. Aralarından ailesini ve oğlunu beğendiklerini söylüyor, bir şans vermemi istiyordu. Ben hepsinden uzak duruyordum. Annemi, geçiştirecek hedefler üretiyordum. Aklımdan çıkmayan anıların tarihleri vardı. Üzerinden zaman geçmişti geçmesine lakin duygular geçmiyordu. Melih'i her gördüğümde bütün duyguları bir arada yaşıyor, hepsi tazeleniyordu. Acı, hüzün, hayal kırıklığı, kullanılmışlık, kandırılmış, sevilmemiş, istenmemiş, tercih edilmemiş hissettiğim ne varsa dirilliyordu. Kendimi bunlardan uzaklaştıramıyordum. **" Bir gün geçecek "** diyerek kontrol etmeye çalışsam da her defasında başarısız oluyordum. Halen, seviyor muydum? Cevabı artık kendim dahi bilmiyordum. Tek bildiğim, yaşattıklarıyla beni dönüştürmüştü... Yaşama hevesimi yok etmişti. Eskiden dans eder, şarkılar söylerdim. Şimdiyse hüzünlü şarkıları dinlerken gözlerim uzaklara dalıp gidiyordu. Kalabalıklar içinde yalnızlaşıyordum.

Özge Avcu

Eğlenceli masalarda, sessizce herkesi dinliyor ve gülümsüyordum. Konuşmayı sevdiğim konulara eşlik ediyordum. Çoğu zaman istemsiz iç çekme hali geliyordu. Melih'i gördüğümde ise yutkunamıyordum. Bir şeyler boğazımda takılı kalıyordu. Beni tehdit edişi aklıma gelince, endişeye kapılıyordum. Kendimi sakinleştirmekte zorlanıyordum. Acısıyla tatlısıyla çok şey öğretmişti. Aşkı öğrenmiştim... Aşkın güçlü bir duygu olduğunu, mantığın bir kenara çekildiğini, kendini yok sayarak sadece onu düşünmeyi ve onunla mutlu olmayı... Aşkın sevgiye dönüştüğündeyse, hayatı iki kişilik yaşamayı... Herkesin kendi sınırlarını koruması gerektiğini... Her şeye tamam dememeyi... Kendinden ve kişiliğinden ödün vermemeyi... Hayır diyebilmeyi... Bir şey daha öğrenmiştim.

Ne kadar seversen sev, kendinden vazgeçmemeyi... Sevdiğini göstermemeyi... Eğer gösterirsen üzüleceğini... Belli bir dengede gösterilmeli... Kendini hayatının merkezini koymayı öğrenmelisin... Yanılırda sevdiğin kişiyi merkeze koyarsan, gerçek sevgine bakmadan duygularını ve enerjini sömürerek kendi ihtiyaçları için kullanmaktan çekinmiyorlar. Bir insanın duygularını kullanmakta, o insana kötülüktür.

Beni kendi özümle tanıştırmıştı. Belki yine sevecektim yâda âşık olacaktım... Ama bu kez, yaptığım hataları yapmayacaktım. Akıllanmıştım. Hedefler belirlemiştim, bu hedeflere ulaşmak için ne yapmam gerekiyorsa bunlarla meşgul oluyordum. Arkadaş ve iş ortamlarımda, kimseyle yarış halinde değildim. Nedenini anlayamadığım kadınlar benimle yarış halindeyken, ben sadece kendimle yarıştaydım. Hiçbir zaman sıradan insanlar gibi

Kumral & Esmer

olamamıştım, bu yüzden girdiğim her ortamda beni farklı görüyorlardı. Evet, farklıydım da... Onlarda benim için çok farklıydı... Yüzlerine gülüp arkalarından konuşanlar, gördüklerinde selam vermeden önce ayakkabıdan başlayarak yukarı doğru süzmeler, biri sana iltifat ettiğinde suratını büzüştürmeler, yaptığın bir şeyi yanlış yerlere çekenler, saçma sapan ego savaşlarına giren kadınlar... Olduğum yerde parlamaya devam ediyordum. Hep böyle olacaktı.

Mesajına cevap vermiştim. Konuşmak için beni restoranlarına davet etmişti. İkna etmek için baya bir mücadele etmişti. Masada tek başına oturduğunu görüyordum. Masaya oturmuştum. Dalgın görünüyordu. Biraz sohbet ettikten sonra babamı niye söylemediğimi sormuştu. Bilmene gerek yok dediğimde, şaşkınlığını gizleyememişti. Birazdan masadan ayrılacağını ve otel odasına gideceğini söylemişti. Geçirdiğimiz günler ve bana yaşattıkları hakkında hiçbir şey söylememiştim. Oda hiç konuşmamıştı. Şarabıma devam ederken, ayağa kalktı ve yanıma gelerek alnımdan öpmüştü. Burada kalbim durmuştu. Bana yaşattıklarından sonra ilk defa beni öpüyordu. Bir ara onun hakkında düşündüklerim aklıma geldiğinde, kendime kızmaya başlamıştım. Yanılmıştım. Beni seviyordu.

Arkasını dönüp giderken, önümde duran kâğıdı çevirmiştim. El yazısıyla yazılmıştı... Heyecandan nefesim kesilecekti...
"Seni çok ama çok özledim, sana ihtiyacım var." Yazıyordu. Notun altında yazan kâğıtta 404 numarası yazıyordu. Gittiği oda numarasıydı ve beni yanına davet ediyordu. Şarabımı yudumlarken bir yandan ne yapacağıma karar vermeye çalışıyordum. Gerçekten soğumuş muydum, ondan? Akıllanmış mıydım? Şarabım

[70]

Özge Avcu

bitince kalbimin sesini dinlemeye başlamıştım. Bana **"git"** diyordu yine mantığım ortada yoktu.

Geleceğimi biliyormuş gibi kapıyı çalınca hemen açmıştı. Ellerimden tutarak, beni içeri almıştı. Sıkıca sarılırken, boynuma öpücükler konduruyordu. Bir yandan slow müzik çalıyorken dans etmeye başlamıştık ve ben hiç düşünmeden ona teslim oluyordum. Sabah uyandığımda yanımdaydı... Erken saatlerde aşağı inerek, kahvaltı yaptıktan sonra eve gitmiştim. Yine yenilmiştim. Artık barışmıştık, galiba...

Eve geldiğimde annem, kahvaltı yapıyordu. Kapı çalmıştı ve gelen Ester'di...

Hep birlikte kahvaltı yapıyorduk. Çiçeği burnunda kız kardeşim Kübra, beni arıyordu. Paris'e, iki gün sonra gideceklerdi. Düğünde gençler hariç herkes eğlenmişti. Babamın teknesinde bu akşam, gençler arasında eğlence vardı. Ada'daki gençlerin hepsi gelecekti. Melih'inde geleceğini bildiğim için bir an durup düşünsem de kardeşimin düğün eğlencesine gidemeyecek geçerli bir neden bulamazdım. Kemanımı getirmemi özellikle istemişti. Melih'ten kaçmaya çalıştıkça her şey, bizi bir araya getirmek için çalışıyordu.

Gösterişten uzak duran kişiliğim, nedense bu akşam süslenmek istiyordu. Saçlarımı düz kullanıyordum, maşa yapmıştım. İndigo mavisi, tam oturan derin bacak yırtmaçlı elbisemin V yakasının ortasında, iki yakayı birbirine bağlayan ipin üzerinde gümüş renk taş vardı. Beyaz açık ayakkabım, çantamla aynı tondaydı. Kırık beyaz ojelerimle sade takılarımı kombinlemiştim. Hafif göz makyajımla birlikte, parlak pembe rujumla, aynaya baktığımda göz kamaştırıyordum. Uzun süren aradan sonra, kendimi ilk

defa bu kadar güzel görüyordum. Ester'le iskeleye doğru gitmek için evden çıkmıştık.
İskelede bağlı duran, teknemizde, şarkılar çalışıyor, herkes yavaş yavaş gelmeye başlıyordu. Kübra ve eşi kaptan köşkündeydi. Selam vermek için yanlarına gitmiştik. Şampanyamızı yudumlarken herkesin gelmesini bekliyorduk. Bir süre sonra herkes gelmişti. Hep birlikte yanlarına gidiyorken, birinin bana bakarak durduğunu görmüştüm. Melih'ti... Çok yakışıklı olmuştu... Koyu mavi pantolonun üzerine beyaz bir gömlek giymişti. Görünen o ki, oda bu akşam için özel hazırlanmıştı. Dün gece aklıma geldiğinde yüzümde beliren gülümsemeyi, herkesten gizlemeye çalışıyordum. Kalabalık ortamlarda birbirimize yabancı gibi davranmaya devam ediyorduk. Eğlence çoktan başlamıştı. Herkes çok mutluydu... Ve ben, aylar ve yıllar sonra mutluğu yaşıyordum. Gerçekten huzurlu olmayı, aylardır unutmuştum. Şimdi tekrar hatırlıyordum. Melih beni şaşırtıyor ve yanımdan ayrılmıyordu. Kimseden de çekinmiyordu. Bütün gençler gözlerini bize dikmiş ve her hareketimizi merakla izliyorlardı. Bekâr tüm gençler Melih için **"kaptı güzel, kadını"** diyerek fısıldaşıyorlardı... İkimizin bir arada olması tüm ideolojilere devrimdi.

Ester ve Kübra, bize bakıp gülümsüyorlardı. Ada'ya geldiğimden beri Melih'le ikimizi yakıştırmışlar fakat kimse yüksek sesle söylemeye cesaret edememişti...
Dünyada barış ilan edilmişti ve artık kötülük olmayacaktı...
Tanrılar huzurunda, karar verilmişti... Biz birimizin kaderiydik. Aramızda ne olursa olsun, birbirimizden vazgeçmeyecektik. Çiftler dans ediyordu. Bizde dans ediyorduk. Tüm gözler ikimi-

zin üzerindeydi. Bizim içinde orada kimse yoktu. Birbirine sevdalanmış, hayatın başka yere savurduğu iki kişi yıllar sonra bir araya gelmişti ve kader bir kenara çekilmiş, bir arada olmalarına izin veriyordu. Dans bittikten sonra milyonların arasında kendini unutmuş ve tekrar kendine gelmiş gibi etrafa bakıyordum. Herkes bizi alkışlıyor, **"bravo"** sesleri yankılanıyordu. Biraz utanmıştım, Melih bu gece ilişkimizi herkese ilan ediyordu. Bu zamana kadar herkesten saklıyorken, apaçık gösteriyordu. Elimden tutarak, teknenin arka tarafına doğru yürümeye başlamıştı. Yüzümü tutarak herkesin içinde alnımdan öpmüştü. Alnımdan her öptüğünde dualar kabul oluyor, mucizeler gerçekleşiyordu. Benim için ne büyük bir an ve ne büyük bir mutluluktu... Gözlerimin içine bakıyordu ve koşulsuz sevgiyi izliyordum. Bana bakarak, yüksek sesle;

" Saadet zamanı;
Avluya doğru oturmuşuz, sen ve ben...
Endamımız çift, suretimiz çift, ruhumuz tek, sen ve ben...
Bulandıran palavralardan azade, gamsız bir keyif,
Sen ve ben...
Sen ve ben ne sen varsın ne de ben...
Bir olmuşuz, aşk elinden... "

Mevlana'nın şiirini okumuştu... Farsça anlamı **Man O To**... Ensemde dövme olarak yazılıydı... Cebinden bir kutu çıkarmıştı. Kutuyu açtığında gümüş renk, yakut kırmızısı tektaş yüzük bana bakıyordu. Şiirden sonra başka bir şey söylemeden, yüzüğü

eline alarak bana doğru uzatıyordu. Elimi uzattım ve **"evet"** demiştim. Yüzüğü parmağıma taktıktan sonra alnımdan bir kez daha öpmüştü. Herkes alkışlıyor, ıslık çalıyordu. Bütün Ada'lılar bu anı bekliyor gibiydi... Beni kendine doğru çevirerek cebinden bir şey daha çıkarıyordu. Gül, olmalıydı... Ne çıkardığını görememiştim. Sakin hali gitmiş, yerini hız ve telaşları almıştı. Bedenimi kendine yapıştırdı ve sarıldığını düşünüyordum. Yüzüğü taktığı bileğime kalın bir ip bağlamıştı. Sol bileğinde deri bir şey vardı. Bileğindeki olan şey, benim koluma bağladığı iple birbirine bağlıydı. Ne bir parçası mıydı? Sürprizin parçası mıydı? Son derece mutluydum ama içimde bir tedirginlik vardı.
Düşüncelerimi zihnimden uzaklaştırmaya çalışıyordum. Herkes bizi izlemeye devam ediyordu. Bana yaptığı her şeyi unutmuştum. Çürümeye yüz tutmuş duygularım, tekrar canlanmıştı. Beni sevdiğini nasıl anlayamamıştım? Kendimi ondan soğutma çabalarımı düşündüğümde, kendimden utanıyordum. Melih, bakarak...

- Biz birimize aitiz. Aşk ve ölüm senin için benim...

Dedi ve hızlı bir şekilde beni kucağına aldı. Bize bakan herkese sırtını dönerek tek bir hareketle, denize atladı... Atlamanın basıncıyla birbirimizden ayrılmıştık... Ellerimizin bağlı olduğunu korkudan unutmuştum. Bana yaklaşarak, belimden sıkıca tutuyordu. Ondan uzaklaşmaya çalışsam da yapamıyordum. Kendimi ondan uzaklaştırmaya çalıştıkça, beni kendine çekerek su üstüne çıkmama izin vermiyordu. İkimizi de öldürmeye, niyetliydi... Nefesimi daha fazla tutamıyordum. Ondan uzaklaşmaya çalıştıkça daha çok derine iniyorduk. Sonunda çırpınmayı ve debelenmeyi bırakmıştım. Su yutmaya başlamıştım ve bilincim yavaş yavaş kapanmaya başlıyordu. Son gördüğüm şey ise, Melih'in yüzüydü...

Özge Avcu

13. BÖLÜM
UNUTULMAZ...

Annem, vefat etmişti. Babam bitmeyen bir matemin içinde geçiriyordu, günlerini... Elinde olsa benimle bile konuşmayacaktı. Otel ve dükkânları iyice boşlamıştı. Her şeyle ben ilgileniyordum. Annemin vefatından sonra kendimi çalışmaya adamıştım. Babamla bir evin içinde iki yabancı gibiydik. Gerekmedikçe konuşmuyorduk. Kahvaltılar, akşam yemekleri tenhalaşmıştı. Babamın yaşayan bir ölüden farkı yoktu. Ölmeyi bekleyen hastalar gibi anneme kavuşmayı bekliyordu. Kendini toparlaması için çaba sarf etsem de sonuç alamıyordum. Doktora gitmeyi, reddediyordu. Mecburen bu hallerini kabule geçmiştim. Hayatı annemdi ve annemin gidişiyle, hayatını kaybetmişti.

Ada'da her şey normale dönmüştü. Eski olan konular üzerine kimse konuşmuyordu. Ada'nın bu huyunu çok seviyordum. Kol kırılır yen içinde kalırdı. Yaşımın, yaşadıklarım ve yaşattıklarımın, en önemlisi annemin vefatıyla bir ağırlık çökmüştü üzerime... Davranışlarım değişmişti. Büyümüştüm. Restoran ve otelle ilgilendiğim için her gün oradaydım. Akşamda çocuklarla otururduk. Restorana gitmek için evden çıkmıştım. Kumral'ı düşünüyordum.

İskeleden geçerken lüks bir yatın, yaklaştığını görmüştüm. İçimde bir sızı olmuştu. Göğsümde bir sancı oluşmuştu... Gelen Kumral'dı... Narin bir hareketle yattan inerken etrafa bakıyordu. İskele karşısındaki cafeye tek başına oturmuştu. Yanında kimse yoktu. Güzeldi lakin daha çok güzelleşmişti... Karşısına oturunca dik bakışlarıyla bana bakıyordu.

[75]

- Neden geldin, yanıma?
- Korkma! Bir şey yapmayacağım, konuşmak istiyorum.
- Konuşacağımız hiçbir yok.
- Tamam, sen konuşma sadece beni dinle...
- Senden korkmuyorum ve dinlemek istemiyorum.
- Lütfen! Sadece dinle...

Gözlerinin içindeki bakış, vücuduma atılan onlarca kurşun gibi canımı acıtıyordu. Hiçbir şey söylemiyor, bir tepki vermiyor hatta mimikleri bile yok olmuş vaziyette sadece dinliyordu. Ok gibi bakışları, kalbimi sızlatıyordu.

- En başından sonuna kadar, sana neler yaşattığımın farkına vardım. Çok geç farkına vardım. Bana olan zaafını ve duygularını kullandım. Bana olan gerçek sevgini, umursamadan sana acı çektirdim.

- Duygularınla oynadım. Senin sevgini ve seni hak etmedim. Beni affet, lütfen!

Sadece yüzüme bakıyordu. Bir cevap bekliyordum. Beni affetmeliydi. Konuşmama devam ettim...

- Ben değiştim. Hayat beni olgunlaştırdı. İlk birlikteliğimizden sonra sana yaptıklarım ve son olanlar hiçbiri affedilir şeyler değil biliyorum. Çok geçte olsa sana yaptığım her şey için pişmanım. Kumral, çok pişmanım.

- Tek bir soru soracağım. Eğer yapabilirsen; dürüst ol.

- Söz veriyorum, dürüst cevap vereceğim.

- Bir an... Tek bir an... Dahi olsa, beni hiç sevmedin mi?

- Sevdim. Sevmiştim. İlk zamanlar gerçekten sevmiştim.

- Evinde olanlar sonrasında söylediklerin, tekne eğlencesinde yaptıkların, hiçbirini unutmadım!

- Yapma ne olur. Sevmiştim seni sonra bilemiyorum ben... Alışkanlığa döndü sanırım yâda sevgim azalmıştı ama seni yakınlarımda tutmak istemiştim. Boş yere umut vererek seni kendime hapis bırakmıştım.

- Bir yanım kadındı, diğer yanım küçük bir kız çocuğu... Kadın olan tarafıma öyle dersler verdin ki, güçlü yapımı daha çok yıkılmaz yaptın. Seninleyken kendimden vazgeçmiştim. Senin mutlu olman, bizim için tüm çabaları sarf etmiş ve kendimi yok saymıştım. Şu hayatta, kendini unutmaman gerektiğini öğrettin. Sende yaptığım hataları biliyorum. Bu çaba, bu emek ömrüm boyunca başka kimseye karşı olmayacak. Neden biliyor musun? Kimse gerçek sevgiyle sevmiyor. Duygular bir çıkar üzerine kurulu... Bu yüzden kendimi ve duygularımı herkesten saklıyorum.

Buz gibi karşımda duruyordu. Affettim dememişti. Hakkını helal etmemişti. Masadan kalkıp gittiğinde dönüp arkasına bile bakmamıştı. Öylece uzaklaşmasını izliyordum.

Kumral & Esmer

Sabah ezanıydı belli belirsiz hatırlıyorum...

Yaradan kadar yüce çınlıyordu, adın kalbimin ritminde...

Kapı eşiğinden bana bakıyordu... Baktıkça, adın yankılanıyordu minareler de...

Sonra yanıma usulca yaklaştı... Gözlerimi öptü sessizce... Bu an hatırladın!

Alnımı öptüğünde, meleklerin ilahi sesleri geliyordu...

Gözlerime hapsolan, gülüşünün sesi kısılıyordu...

Avlunun ortasında, son yolculuğa... Beni uğurluyordu...

Kalemi kırana, ses çıkarmıyordum. Öylece izliyordum.

Cami avlusuna bırakılan sürgünün adıydı, bu...

Ve senden başka kimsem yoktu. Kırmızı gülü sol yanıma bıraktı... Avuçlarımı kokladı...

Meleklerin fısıltısı kesildi, aniden... Zemheri gecelerde, umudumdu hayali...

Emir'di adı... Sela'm şimdiler de...

Kumral ve Esmer...

ÖZGE AVCU HAKKINDA 🎈

13 Kasım İstanbul, doğumlu... Düzce Kaynaşlı Meslek Yüksek Okulu, Mimari Yapı Teknik Ressamlığından mezun olmuştur. Çocukluk zamanlarından gelen yazarlık merakını ilerleterek, Yazarlık ve Senaryo Yazarlığı eğitimlerini alarak adımını atmıştır ve ilk olarak kişisel gelişim **Ruhun ve sen** kitabını çıkarmıştır. Altın Kalem Ödülleri kapsamında kişisel gelişim ve ilk kitabı olan **Ruhun ve sen, "Altın Yazar"** olarak ödül almıştır. Her duyguya bir şiir **Öz Manzara,** Akrep burcunun gizemli ve derin dünyasını tüm gerçekleriyle anlatan **Akrep Hükümleri,** yaşanmış hayat hikâyelerini konu alan **Yaşayan Sessizlikler** ile dört kitabı online satış sitelerindedir. İnternet sitelerinde köşe yazarlığına devam etmektedir. Sanata ilgisi vardır. İlişkiler ve aile ilişkileri, kişisel gelişim, bilinç, bilinçaltı ve spiritüel konular üzerine eğitimlerini tamamlayarak belgelerini almıştır. İlgilendiği meslekler üzerine, gerekli iş tecrübelerine sahiptir. Sosyal medya hesaplarından; aile, ilişki, kişisel gelişim ve motivasyon olarak çalışmalarına devam etmektedir.

EĞİTİM VE BELGELER

- Astroloji
- Aile Koçluğu
- Cinsel Terapi
- İlişki Koçluğu

- Temel Psikoloji
- Prof. Danışmanlık
- Prof. Yaşam Koçluğu
- Motivasyon Koçluğu
- Aile ve Sosyal Yaşam
- Beden Dili ve Etkili İletişim

NLP (Bilinçaltı Programlama)
- NLP Practitioner
- NLP Master Practitioner
- NLP Trainer (NLP Eğitmeni)
- EFT (Duygusal Özgürlük)

Özge Avcu

Bilinçaltı NLP ve sevgilisi EFT teknikleriyle dolu olan ve Altın Yazar ödülüne layık görülen,
RUHUN VE SEN...
Online Satış Sitelerinde🎈

Kumral & Esmer

Her duyguya bir şiir ÖZ MANZARA...
Online Satış Sitelerinde 🎈

Özge Avcu

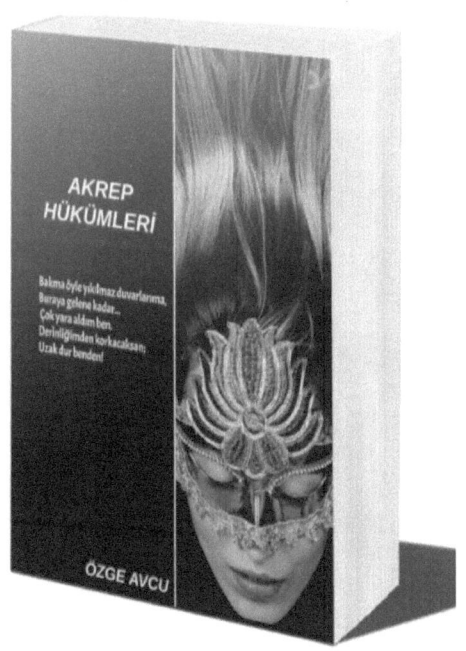

Akrep burcunun gizemli dünyasının derin suları,
AKREP HÜKÜMLERİ...
Online Satış Sitelerinde 🎈

Kumral & Esmer

Yaşanmış hayat hikayelerini anlatan,
Yaşayan Sessizlikler...
Online Satış Sitelerinde

www.ingramcontent.com/pod-product-compliance
Lightning Source LLC
LaVergne TN
LVHW040158080526
838202LV00042B/3220